AUTORE
Paolo Crippa (23 aprile 1978) coltiva sin dai tempi del Liceo la passione per la Storia italiana, soprattutto della Seconda Guerra Mondiale. Le sue ricerche si incentrano soprattutto nel campo della storia militare ed in particolare sulle unità corazzate a partire dagli anni '30 fino alla fine della Seconda Guerra Mondiale. Nel 2006 pubblica il suo primo volume, "I Reparti Corazzati della Repubblica Sociale Italiana 1943/1945", prima ricerca organica compiuta e pubblicata in Italia sull'argomento, a cui fanno seguito "Duecento Volti della R.S.I." (2007) e "Un anno con il 27° Reggimento Artiglieria Legnano" (2011). Ha all'attivo una quarantina di articoli per le riviste Milites, Historica Nuova, SGM – Seconda Guerra Mondiale, Batailes & Blindes, Mezzi Corazzati e Storia del Novecento, sia come autore, sia in collaborazione con altri ricercatori. Ha realizzato collaborazioni e consulenze per altri autori nella stesura di testi storico – uniformologici. Con Mattioli 1885 ha pubblicato "Italia 43 – 45 – I blindati di circostanza della Guerra Civile" (2014), "I mezzi corazzati della Guerra Civile 1943 -1945" (2015) e Italia 43 – 45 – I mezzi delle unità cobelligeranti (2018).

Paolo Crippa (23 April 1978) has cultivated his passion for Italian history since high school. His research interests are focused mainly in the field of military history and in particular on italian armored units from the 30s until the end of World War II. In 2006 he published his first volume, "I Reparti Corazzati della Repubblica Sociale Italiana 1943/1945", the first organic research carried out and published in Italy on the subject. In 2007 he published "Duecento Volti della R.S.I." and in 2011 " Un anno con il 27° Reggimento Artiglieria Legnano". He regularly contributes to several journals: Milites, New Historica, SGM - World War II, Batailes & Blindes, Armoured Vehicles and history of the twentieth century, Mezzi Corazzati, both as an author, or in collaboration with other researchers. He published with the editor Mattioli 1885 in 2014 "Italy 43 – 45 – Civil War improvised AFV's" (2014), "Italian AFV's of the Civil War 1943 - 1945" (2015) and "Italy 43 – 45 – AFV's and MV's of co-belligerent units" (2018).

PUBLISHING'S NOTES
None of unpublished images or text of our book may be reproduced in any format without the expressed written permission of Luca Cristini Editore (already Soldiershop.com) when not indicate as marked with license creative commons 3.0 or 4.0. Luca Cristini Editore has made every reasonable effort to locate, contact and acknowledge rights holders and to correctly apply terms and conditions to Content.
Every effort has been made to trace the copyright of all the photographs. If there are unintentional omissions, please contact the publisher in writing at: info@soldiershop.com, who will correct all subsequent editions.
Our trademark: Luca Cristini Editore©, and the names of our series & brand: Soldiershop, Witness to war, Museum book, Bookmoon, Soldiers&Weapons, Battlefield, War in colour, Historical Biographies, Darwin's view, Fabula, Altrastoria, Italia Storica Ebook, Witness To History, Soldiers, Weapons & Uniforms, Storia etc. are herein © by Luca Cristini Editore.

LICENSES COMMONS
This book may utilize part of material marked with license creative commons 3.0 or 4.0 (CC BY 4.0), (CC BY-ND 4.0), (CC BY-SA 4.0) or (CC0 1.0). We give appropriate attribution credit and indicate if change were made in the acknowledgments field. Our WTW books series utilize only fonts licensed under the SIL Open Font License or other free use license.

For a complete list of Soldiershop titles please contact Luca Cristini Editore on our website: www.soldiershop.com or www.cristinieditore.com. E-mail: info@soldiershop.com

Titolo: **REPARTI CORAZZATI ITALIANI IN FRANCIA DURANTE LA SECONDA GUERRA MONDIALE**
Code.: **WTW-062** Di Paolo Crippa
ISBN code: 9791255891413 prima edizione: Ottobre 2024
Lingua: Italiano, dimensione: 177,8x254mm Cover & Art Design: Luca S. Cristini

WITNESS TO WAR (SOLDIERSHOP) is a trademark of Luca Cristini Editore, via Orio, 35/4 - 24050 Zanica (BG) ITALY.

WITNESS TO WAR

REPARTI CORAZZATI ITALIANI IN FRANCIA DURANTE LA SECONDA GUERRA MONDIALE

PHOTOS & IMAGES FROM WORLD WARTIME ARCHIVES

PAOLO CRIPPA

BOOKS TO COLLECT

INDICE

Introduzione..5

Fronte Occidentale (giugno 1940)..7

   I reparti corazzati..9

      1° Reggimento Fanteria Carrista..9

      3° Reggimento Fanteria Carrista..12

      33° Reggimento Fanteria Carrista..12

      Guardia alla Frontiera – Compagnie Carristi...13

      Considerazioni sull'uso dei carri armati durante la Battaglia delle Alpi...................15

Occupazione della Francia Meridionale (novembre 1942 – settembre 1943)..............49

   I reparti corazzati..50

      II Gruppo Squadroni Corazzati "San Marco"...50

      Reggimento Piemonte Reale Cavalleria..51

      18° Reggimento Bersaglieri corazzato..51

      224ª Divisione Costiera...54

Occupazione della Corsica (novembre 1942 – settembre 1943).................................63

   I reparti corazzati..65

      CXXXI Battaglione Semoventi da 47/32 della Divisione di Fanteria "Cremona"........65

      XX Battaglione Semoventi da 47/32 della Divisione di Fanteria "Friuli"................65

      I Battaglione Carri L del 33° Reggimento Carristi..65

      II Battaglione Carri L del 33° Reggimento Carristi...66

      XIII Battaglione Carri L del 33° Reggimento Carristi...66

      10° Raggruppamento Celere..66

Bibliografia..97

INTRODUZIONE

Durante la Seconda guerra mondiale, il contributo dei reparti corazzati del Regio Esercito sul fronte francese fu abbastanza marginale e, per questo motivo, mai preso in esame in maniera organica. L'impiego dei carri armati nei primi giorni del conflitto sulle Alpi avrebbe però dovuto offrire importanti spunti di riflessione ai Comandi italiani, perché si erano immediatamente palesate delle serie difficoltà sia nell'impiego dei carri armati impiegati, che si dimostrarono del tutto inadeguati, che nelle tattiche di impiego dei reparti corazzati, segnali che furono del tutto ignorati e che fecero sì che gli stessi errori si perpetrassero nelle successive fasi del conflitto. Dopo questa parentesi d'esordio, reparti corazzati furono inviati in Francia solo nel novembre del 1942, a presidio delle coste della Francia meridionale e dalla Corsica, appunto con compiti di guarnigione di un Paese occupato e, di conseguenza, mai impiegati in combattimento. L'Armistizio dell'8 settembre 1943 segnò però una svolta: se da una parte i reparti schierati nella Francia meridionale non presero parte ad alcuno scontro e rientrarono in Italia, le unità corazzate di stanza in Corsica reagirono ai tentativi tedeschi di impossessarsi dei punti chiave dell'isola e si ingaggiarono in lunghi giorni di combattimenti contro gli ex alleati, combattimenti che terminarono con l'abbandono della Corsica da parte dei tedeschi.

▲ Colonna di carri L3 Lanciafiamme del IV Battaglione "Monti" del 1° Reggimento Fanteria Carrista in movimento in uscita da Susa, verso la Statale del Moncenisio (Benvenuti – Colonna).

▲ Un tenente Carrista, appoggiato al suo carro L3/35 Radio, tiene in braccio un cagnolino. La fotografia è stata scattata in Val Stretta, nella zona di Bardonecchia, nel giugno 1940.

FRONTE OCCIDENTALE (GIUGNO 1940)

Il 10 giugno 1940 segnò per l'Italia l'inizio della tragedia della Seconda guerra mondiale: la dichiarazione di guerra alla Francia ed alla Gran Bretagna diede l'avvio alle ostilità e, come immediato effetto, anche ad un attacco sul fronte delle Alpi contro la Francia, un nemico ormai già piegato dal molto più possente attacco tedesco, che aveva investito il Paese transalpino da nord e da est. La cosiddetta "Battaglia delle Alpi Occidentali" fu per l'Italia una campagna veramente breve, dichiarata lo stesso 10 giugno, non appena dopo l'entrata in guerra al fianco della Germania, terminata con l'armistizio del 25 giugno, ma praticamente solo 4 furono i giorni di effettivi scontri effettivi (dal 21 al 24 giugno). Questo ciclo operativo obbligò le forze armate italiane a passare repentinamente da uno schieramento prettamente difensivo ad uno di tipo offensivo[1] e portò all'Italia solo striminziti guadagni territoriali, ma evidenziò un sostanziale fallimento strategico italiano, che non fu però malauguratamente interpretato come un segnale d'allarme generale dai Comandi italiani. La campagna mise in luce infatti una serie di errori di impostazione (scarsi elementi validi tra i comandanti, a tutti i livelli, scarsa sinergia tra le unità impegnate al fronte, logistica quasi inesistente) e di limiti dell'apparato militare (armamenti scadenti, carenza di automezzi, equipaggiamenti ed abbigliamenti vetusti ed inadatti al combattimento in aree difficili), ma, come già era successo al termine della Guerra Civile spagnola, la lezione appresa non servì e gli stessi errori e le stesse mancanze furono ripetuti per tutta la durata del conflitto.

Basandosi su di un calcolo rivelatosi del tutto errato, Mussolini contò sul fatto che le forze armate francesi fossero prossime al collasso, confortato anche dai rapporti dei servizi segreti che, benché avessero valutato correttamente l'inferiore consistenza delle forze francesi rispetto a quelle italiane (6 Divisioni contro le 21 italiane[2]), avevano sottovalutato il fattore "rabbia". I francesi non erano del tutto rassegnati alla sconfitta e, aiutati anche dal terreno impervio e da un discreto sistema di fortificazioni di confine, scatenarono un contrattacco virulento contro le truppe italiane. Il Regio Esercito schierava sulle Alpi occidentali due Armate, la 4ª Armata a nord (dal confine svizzero al monte Granero, al nord del Monviso, comandata dal generale Alfredo Guzzoni) e la 1ª Armata a sud dal monte Granero al Mar Ligure, comandata dal generale Alfredo Pintor)[3], mentre i francesi disponevano dell'Armée

---

[1] All'inizio di giugno il maresciallo Badoglio, Capo di Stato Maggiore Generale, nel corso di un incontro con i Capi di Stato Maggiore di tutte le Armi aveva comunicato la strategia del Duce: *"La strategia sui fronti deve essere improntata alla più stretta difensiva per terra e per aria. Occorre riservare le forze armate, specialmente esercito ed aviazione, per il futuro. Sul fronte delle Alpi occidentali, perciò, è opportuno astenersi dal prendere iniziative"*. (da "Giugno 1940 – Guerra sulle Alpi", pagina 63, opera citata in bibliografia).

[2] Il fatto che, nonostante il gran numero di Divisioni impegnate, i risultati ottenuti dall'attacco alla Francia furono veramente scarsi si spiega con la convinzione che avevano gli alti comandi italiani che la vera forza risiedesse nella quantità delle unità mobilitabili e non nella qualità. Come conseguenze le Divisioni italiane risultarono deboli negli organici (struttura binaria), con la fanteria appiedata, l'artiglieria quasi esclusivamente a traino animale, scarsissime di componente corazzata, secondo una configurazione che le faceva rassomigliare alle grandi unità della Prima guerra mondiale e quindi del tutto inadatte ad un concetto di guerra che, nel frattempo, si era evoluto e modernizzato. Non da ultimo, è importante sottolineare che di 73 Divisioni, efficienti sulla carta, quelle effettivamente complete erano solamente 19.

[3] Nel corso delle ostilità fu schierata in riserva tattica, nella zona tra Acqui ed Asti in Piemonte, la 7ª Armata, al comando di Sua Altezza Reale il Duca di Pistoia, Filiberto di Savoia - Genova.

des Alpes (generale René – Henri Orly), che era formata da 2 Corpi d'Armate, il XIV (generale Beynet) ed il XV (generale Montagne), oltre ad 80 Sections Eclaireurs Skieurs (Plotoni di esploratori sciatori); l'Armée des Alpes era asserragliata nella cosiddetta "Maginot delle Alpi", un sistema di difese statiche che, seppure non modernissimo, poteva infatti offrire del filo da torcere agli attaccanti, complice anche l'orografia del territorio. Sulla scorta di questo errore di valutazione, il pomeriggio del 20 giugno Mussolini diede l'ordine per l'offensiva, che si scatenò all'alba; il 24 giugno, quello che fu in sostanza l'ultimo giorno della battaglia sulle Alpi, la linea difensiva francese risultò praticamente pressoché intatta, tanto che la prima linea aveva subito lievi danni. Il piano d'attacco italiano prevedeva l'avanzata della 4ª Armata (quindi a nord dello schieramento italiano) attraverso tre direttrici:

- prima direttrice lungo la rotabile del San Bernardo, che doveva aprire uno sbocco in Val d'Isere, con obiettivo Saez;
- seconda direttrice tra il Moncenisio ed il Frejus, attraverso la Valle dell'Arc;
- prima direttrice lungo il Monginevro e la Val Pellice.

A sud, invece, la 1ª Armata doveva sfondare il confine attraverso il Monviso, il Colle della Maddalena, il Col di Tenda e della rotabile della Cornice in Costa Azzurra, in direzione Marsiglia. Questa frammentazione del fronte d'attacco su diverse direttrici era dovuta al fatto che, per poter penetrare in territorio francese, vista la presenza delle montagne, era necessario procedere lungo le vie rotabili che attraversavano il confine e queste ultime erano solamente 5 (Picolo San Bernardo, Moncenisio, Monginevro, Colle della Maddalena, Col di Tenda e Cornice, sulla Riviera tra la Liguria e la Costa Azzurra); un'ulteriore elemento di difficoltà era rappresentato dall'assenza di collegamento tra queste rotabili (non esistevano infatti vie parallele alla linea di confine, che potessero permettere spostamenti rapidi di truppe da una direttrice d'attacco all'altra, in caso di necessità) e quindi le vie di comunicazione procedevano indipendenti una dall'altra, creando evidenti problemi di ricongiungimento delle truppe attaccanti.

Non approfondiremo ulteriormente lo svolgersi delle operazioni sul fronte francese, che possono essere analizzate in altri testi, per prendere invece in esame in maniera dettagliata le vicende che ebbero per protagonisti i reparti carristi del Regio Esercito nei prossimi paragrafi.

Le ostilità si conclusero ufficialmente il 25 giugno 1940, con l'Armistizio, firmato dalle autorità francesi a Villa Incisa, con l'Italia[4]. Come dimostrato da un documento redatto il 21 giugno dall'ambasciatore francese Leon Noël, rappresentante del governo d'Oltralpe, le autorità francesi erano contrarie a firmare un armistizio con il Regno d'Italia, ritenendo di fatto di non avere combattuto alcuna guerra, ma di avere sostenuto solo delle piccole schermaglie contro gli italiani e che, di conseguenza, l'Italia non avesse vinto nessun conflitto.

Il conto pagato dall'Italia, in termini di perdite umane, fu comunque elevato. I militari che avevano perso la vita erano 631, 616 risultavano dispersi, 2.631 erano stati feriti o avevano subito danni da congelamento (soprattutto a causa del vestiario e delle calzature inadatti alle

---

[4] Nel documento di Noël si legge addirittura: *"L'Italia ci ha dichiarato guerra ma non l'ha fatta. Non abbiamo alcun bisogno di un armistizio con quel Paese poiché la sola dichiarazione di guerra non è guerra. Se a Roma ci dovessimo trovare di fronte a richieste inaccettabili, tutto l'edificio della nostra convenzione con la Germania crollerebbe. In tal caso noi non solo ci rifiuteremmo di firmare il documento con l'Italia, ma ci sentiremmo autorizzati a riprendere interamente la nostra libertà di azione"*. (da "Giugno 1940 – Guerra sulle Alpi", pagina 120, opera citata in bibliografia).

temperatura d'alta). Le truppe francesi fecero 1.141 prigionieri, che dopo la firma dell'armistizio; di contro, erano stati presi 155 soldati francesi che, anziché essere ugualmente messi in libertà, furono concentrati presso il campo di Fonte d'Amore. Le perdite francesi furono invece molto più limitate: 20 morti (in uno spaventoso rapporto di 1 a 30, rispetto ai caduti italiani), 150 dispersi ed 84 feriti[5].

Se da un lato, con l'accordo di pace, l'Italia ottenne solo esigue conquiste territoriali, tanto da potere essere definite "sconfinamenti di qualche chilometro," dall'altro la fine delle ostilità decretò la scomparsa dell'allora principale avversario della Regia Marina nel Mediterraneo: la flotta francese.

I reparti corazzati

1° Reggimento Fanteria Carrista

Il Reggimento, che aveva sede a Vercelli, fu mobilitato nel giugno 1940 e formò, il Raggruppamento Celere della 4ª Armata, insieme al 4° Reggimento Bersaglieri ed al Reggimento Nizza Cavalleria (1°). Il Reggimento prese parte alle operazioni sul fronte francese con i suoi Battaglioni I, II e IV:

- I Battaglione Carri L 3/35 *"Maggiore Ribet"*
- II Battaglione Carri L 3/35 *"Generale Berardi"*
- IV Battaglione Carri L 3/35 *"Generale Monti"*

Il suo III Battaglione Carri, equipaggiato con gli ormai vetusti L 5/30, meglio conosciuti come FIAT 3000, non prese parte alle operazioni sul Fronte delle Alpi.

Al termine delle operazioni in Francia il Reggimento fu inviato dapprima a Fiume e, successivamente, in Africa Settentrionale.

Il IV Battaglione Carri "Monti" prese parte ai combattimenti nella zona del Moncenisio, in rinforzo a reparti di Alpini e di Fanteria[6]. La 1ª Compagnia giunse ad Aosta la sera del 22 giugno e fu fatta proseguire, nel corso della notte, lungo la valle d'Arc fino al passo del Moncenisio. Dopo avere superato il fuoco di sbarramento di due forti francesi ed attraversato il confine, i carri del Battaglione travolsero con facilità un primo sbarramento nemico, aggirarono un ponte ed incontrarono un secondo sbarramento. Qui il carro del comandante della 1ª Compagnia saltò su una mina ed un secondo corazzato fece la stessa fine, mentre cercava di recuperare il primo carro armato. Il campo di mine fu fatto saltare con un lancio di bombe a mano ed i carri poterono così proseguire la marcia fino al fondovalle, occupando un paese. Tra il 23 ed il 24 giugno le postazioni difensive francesi, che controllavano la strada RN 6, impedirono al Battaglione "Monti" ed ai primi reparti della Divisione motorizzata "Trento" di scendere a valle. Nonostante i quattro pezzi da 149/35 del Forte Paradiso

---

5 Inclemente il giudizio di Achille Starace sulla campagna contro la Francia: *"Si sono mandati gli uomini incontro ad una inutile morte con gli stessi sistemi di vent'anni or sono"*. (da "Giugno 1940 – Guerra sulle Alpi", pagina 128, opera citata in bibliografia).

6 Il IV Battaglione Carri d'Assalto "Monti", di stanza a Bolzano, era stato trasferito dal 2° Reggimento Fanteria Carrista di Verona al 1° Reggimento Fanteria Carrista di Vercelli nel novembre 1938 questo battaglione fu assegnato al 1° Reggimento Fanteria Carrista di Vercelli. Successivamente fu trasferito al neocostituito 32° Reggimento Fanteria Carrista (che nient'altro era che la nuova denominazione del 2° Reggimento); secondo alcune fonti il "Monti" fu assegnato al 32° Reggimento nel 1939, ma, di fatto, prese parte alle operazioni sul Fronte francese in organico al 1° Reggimento.

sul Moncenisio intervennero colpendo le postazioni francesi, il V Battaglione carri e la Divisione "Trento" non poterono fornire alcun aiuto concreto alle forze del I Corpo d'Armata in Val d'Arc (nello specifico, il IV Battaglione Carristi avrebbe dovuto appoggiare la Divisione "Brennero"). Il sopraggiungere del "cessate il fuoco" il giorno 25 segnò la fine del movimento offensivo del Battaglione "Monti". La 5ª Compagnia del IV Battaglione del 1° Reggimento, equipaggiata con carri armati L3/35 Lanciafiamme, prese parte all'operazione che portò alla conquista del forte Ouillon des Arcellins, a 2.665 metri d'altitudine, portata a compimento da un battaglione della Divisione di Fanteria "Cagliari", due plotoni della 2ª Compagnia "Lupi del Moncesio" ed una compagnia del 4° Reggimento Bersaglieri, mobilitata come riserva. Nel corso delle operazioni il IV Battaglione Carri d'Assalto "Monti" ebbe 7 caduti ed i suoi effettivi furono decorati con 3 Medaglie d'Argento al Valor Militare e 1 Medaglia di Bronzo al Valor Militare alla memoria.

Il sergente Carrista Domenico Fossati così riassume nel suo diario le vicende occorse sul Fronte Francese al 1° Reggimento Fanteria Carrista:

"Due giorni dopo la partenza per Susa, il nostro settore di fronte sarà il Moncenisio. Susa è piena zeppa di soldati. Apprendo che ci sono state delle baruffe piuttosto serie fra alpini e camicie nere per il possesso di casermette che, così dicono, erano state approntata per l'Esercito e non per la Milizia. Qui a Susa ascoltiamo il discorso del Duce che termina con quella parola: Vinceremo, e subito dopo partiamo per il nostro settore. Non vorrei essere polemico ma solo degli imbecilli potevano pensare ad un impiego di carri armati su di un terreno roccioso, immense pinete, con un'unica strada ad una quota di quasi duemila metri. Ci appostiamo nelle vicinanze del lago non lontano dall'albergo rifugio che, benché sia italiano, viene regolarmente saccheggiato. Ferrero e Sella riescono a procurarsi una più che rispettevole riserva di vino che, naturalmente, viene distribuita fra i membri dell'antico "sodalizio" formatosi a Vercelli. Nevica continuamente.

Essendo il 10 giugno indossiamo già i pantaloni in tela da fatica. L'esercito italiano non disponeva di anti congelanti per i radiatori per cui ogni sera dobbiamo sdraiarci sotto i carri in mezzo alla fanghiglia mista a nevischio per vuotare i radiatori per poi riempirli nuovamente il mattino seguente. Dei francesi nemmeno l'ombra almeno nel nostro settore, sappiamo però che già ci sono stati scontri tra alpini e bersaglieri da una parte e chasseur des Alpes dall'altra. Si parla anche di casi di congelamento, ma fortunatamente non nei nostri reparti. Riusciamo a difenderci dal freddo meglio degli altri perchè anzichè piantare le tende in mezzo alla neve abbiamo trasformato i nostri SPA38 e Dovunque in piccole camerate. Siamo stipati come galline, ma per lo meno non a contatto con il terreno. E' giunto al Moncenisio il Generale V. comandante l'intero settore. Nei giorni precedenti ci ha fatto visita il Principe di Piemonte comandante l'Armata del Po.

L'inizio di quella che potremmo chiamare l'offensiva ha qualcosa di irreale, non riesco a credere ai miei occhi. Siamo schierai in prossimità del lago, il battaglione "Monti" in testa, il nostro di rincalzo. Il generale V. pronuncia un discorso tanto vacuo quanto retorico. Il terreno dinanzi a noi è assolutamente impraticabile ai nostri mezzi. L'unica via che ci può permettere di varcare il confine è la strada del Moncenisio. Pensare che quest'unica via d'accesso non sia stata minata è semplicemente demenziale, eppure nessuno sembra rendersene conto. Dove siano i francesi non lo so, ma certamente dalle loro postazioni ci staranno osservando. Noi siamo

lì fermi accanto ai nostri carri attendendo non so cosa. Non un reparto che sia defilato al più che probabile tiro avversario. Mi sto chiedendo perché ancora non abbiano aperto il fuoco su di un bersaglio immobile così allettante. Forse pure loro sono indecisi ad iniziare una guerra così stupida ed insensata. Questi e mille altri pensieri mi passano per la mente mentre assisto, spettatore-attore a questa carnevalata che solo per merito dei francesi non si è ancora trasformata in una carneficina. Poche salve ben aggiustate sul nostro magnifico schieramento a plotoni bene affiancati e allineati e il primo reggimento carrista avrebbe finito di esistere. Sono talmente convinto di non giungere a sera che cominciando il secondo pacchetto di Milit mi sono già scolato la razione di cognac facente parte dei viveri d'emergenza, per i quali esisteva la tassativa disposizione di non toccarli senza ordine superiore.
Finalmente il generale V. prende una decisione. Senza interpellare il comandante del reggimento né quello di battaglione impartisce direttamente l'ordine al primo carro che si trova vicino a lì: "Motori avanti". Al malcapitato non resta che obbedire, mettere in moto e si avvia sulla strada oltre il confine, avanza per circa duecento metri, poi com'era prevedibile incappa su una mina e per i due carristi la guerra termina prima di cominciare. Mi viene da piangere tanto la cosa è assurda. Guardo i miei uomini, sono semplicemente ammutoliti, uno vomita. Il generale imperterrito ordina al secondo carro di avanzare.
I francesi continuano a non sparare. Il secondo carro sia pure con minor baldanza mette in moto e avanza, dopo circa duecento metri segue la sorte del primo. Si odono delle urla, evidentemente il pilota o il capocarro è ancora vivo, però nulla si muove.
Il generale ordina al terzo carro di avanzare. A questo punto, come per la rottura di un malefico incantesimo, il maggiore comandante del "Monti" ferma il carro che già stava avviandosi e piantandosi sull'attenti davanti al generale dice: "Eccellenza questa volta andremo noi, io sarò il pilota e voi il capocarro". C'è un silenzio di tomba, il generale borbotta prima qualcosa di incomprensibile poi aggiunge: "ne riparleremo". Sale sulla sua macchina e riparte verso Susa. Tanta è la collera e l'odio che c'è in me davanti ad un simile spettacolo di incompetenza e vigliaccheria che senza ordine alcuno balzo sul mio carro e vado a cercare di portare aiuto al secondo carro, quello da cui si levano lamenti. Cerco di seguire la sua pista e quando sono a tre o quattro metri dietro a lui balzo fuori e con il cavo lo prendo a rimorchio. Il mio timore è solamente che abbia la marcia bloccata o che il mio carro non sia in grado di rimorchiarlo. In quel momento i francesi aprono il fuoco con l'artiglieria. Evidentemente erano già in punteria perché i colpi cadono vicinissimo. Fortunatamente per me non erano i primi che sentivo, aggancio velocemente il cavo e tento di buttarmi dentro il carro. In quel preciso momento una granata mi scoppia vicinissima e sento un gran calore alla gamba, sono stato colpito da alcune schegge. Ora uscire non posso più, non potrei camminare, e rimanere lì significa morire, sfortunatamente la gamba colpita è quella che mi serve per l'acceleratore, vada come vuole devo tentare di farcela, il cavo si tende e comincio a retrocedere. Il carro colpito mi segue, i francesi non sparano più. Raggiungo il nostro schieramento, ho la mente intorpidita, perdo parecchio sangue, sento come in lontananza la voce del tenente Caterina che grida qualcosa come: "chi ti ha dato l'ordine, ne riparleremo. Ma non mi pare di scorgere animosità nel suo tono.
Il buon amico Ferrero mi dice mentre mi depongono per terra sulla neve: "sempre fortunato, nonno, per te la guerra è finita!". Finalmente giunge un'ambulanza vengo caricato con altri feriti e avviato prima a Susa poi a Torino.

Venti giorni dopo fui dimesso dall'ospedale; poi la notizia della proposta di croce di guerra al valore, la nomina a sergente maggiore ed una settimana di arresti per aver eseguito un'operazione senza averne ricevuto l'ordine[7]".

3° Reggimento Fanteria Carrista
Il 3° Reggimento Carristi di Bologna schierò sul fronte francese dall'inizio delle ostilità il V e l'XI Battaglione, entrambi equipaggiati con carri L3/35, inquadrati nel Raggruppamento Celere della 1ª Armata, ma non prese parte ad operazioni di rilievo. Al termine delle operazioni in Francia il Reggimento rientrò nella propria sede di Bologna.

33° Reggimento Fanteria Carrista
Dopo la dichiarazione di guerra, il 33° Reggimento Carristi della Divisione "Littorio" fu il primo reparto corazzato ad essere impiegato operativamente. Il Reggimento, che era comandato dal colonnello De Lorenzis, era costituito da 4 Battaglioni Carri L, gli unici Battaglioni indivisionati, che parteciparono alla campagna sul fronte francese. Il Reggimento fu trasferito nella zona di Aosta a partire dal 19 giugno, con l'obiettivo di sfondare le difese francesi sul fronte occidentale nella zona del Piccolo San Bernardo.

Il trasferimento dei reparti avvenne via ferrovia su diversi convogli ed il primo reparto a giungere in zona d'operazioni il 22 giugno fu il I Battaglione Carri L. Avviato dalla stazione ferroviaria di Aosta verso il confine italo-francese lungo la rotabile che conduce al Piccolo San Bernardo, per mettersi a disposizione della Divisione Motorizzata "Trieste". Il Battaglione raggiunse la zona di frontiera all'alba del 23 giugno, con l'ordine di dirigere sulla cittadina di Saez, seguendo una direttrice d'attacco che avrebbe dovuto aprire uno sbocco nella valle d'Isère. La marcia fu resa difficoltosa dal tiro dei cannoni del forte francese di Traversette e dalle condizioni del terreno, reso impraticabile dal forte maltempo (erano cadute persino abbondanti nevicate) e, per questo motivo, i carri armati avanzarono in fila indiana lungo la striscia asfaltata della strada, offrendosi con facile bersaglio ad eventuali attacchi nemici, che non tardarono ad arrivare e non stupisce che in quello stesso primo giorno d'attacco, per i carri armati si compì una piccola tragedia. Infatti, intorno alle 7 del mattino, dopo avere superato un primo sbarramento di reticolati, a quasi 2.000 metri d'altezza, poco prima dei tornanti che scendono a Saez, la colonna incappò in un secondo sbarramento stradale, questo minato con ordigni a strappo, legati direttamente ai reticolati di filo spinato, ed il carro di testa saltò per aria, bloccando l'avanzata del resto della colonna, che rimase esposta al tiro delle artiglierie francesi, ed altri due carri scingolarono, essendo rimasti impigliati nel filo spinato. La colonna riuscì a sganciarsi e ad invertire la marcia, solo a prezzo di abbandonare il carro colpito ed il suo equipaggio, composto dal tenente Carlo Montecchi e dal caporalmaggiore Rosario De Vita. Data l'evidente impossibilità di sfondare la resistenza francese, appoggiata dal fuoco del forte di Traversette, il I Battaglione Carri L fu ritirato la sera dello stesso giorno e fu inviata una squadra di soccorso per recuperare il carro colpito la mattina. Nel corso delle operazioni di recupero il carro radio del tenente Vincenzo Giummolè, aiutante maggiore del Battaglione, saltò su una mina e l'ufficiale morì poco dopo essere stato trasportato in gravissime condizioni al posto di medicazione, situato

---

[7] Tratto da "Diario di un sergente della Fanteria Carrista", di Giorgio Corino, apparso ne "Il Carrista d'Italia", rivista dell'Associazione Nazionale Carristi d'Italia".

nell'Ospizio del San Bernardo, dove erano state trasferite anche le salme del tenente Montecchi e del caporalmaggiore De Vita, ritrovato ancora in vita, ma spirato poco dopo il suo recupero. Il tenente Giummolè, il tenente Montecchi ed il caporalmaggiore De Vita furono tutti insigniti di Medaglia d'Argento al Valor Militare alla memoria; furono inoltre decorati il sergente Attilio Polise, con Medaglia di Bronzo al Valor Militare alla memoria, ed il sottotenente Vittorio Pennacchioni, con Medaglia d'Argento al Valor Militare.

Questo il ricordo della campagna delle Alpi del Carrista Oliviero Cervi, del II Battaglione del 33° Reggimento Carristi, tratto dalle sue memorie[8]:

"Siamo al campo, in pieno fervore addestrativo allorché, il dieci giugno del '40, ci radunano davanti alla radio per ascoltare la dichiarazione di guerra. In verità, non sono molto ad esternare sfrenato entusiasmo e l'euforia di taluni è abbastanza fugace: ma nemmeno si ha notizia di accenni di dissenso o di protesta.

Una settimana è trascorsa ed ecco l'ordine di partire per il "fronte occidentale": ci si convince d'acchito che dobbiamo modificare persuasioni ed abitudini; d'ora innanzi le pallottole non saranno più innocue; avversari non saranno più altri carristi del battaglione, ma nemici sconosciuti che non esiteranno, con armi potenti e micidiali, a contrastare la nostra avanzata. Comunque sia, un fatto è certo: nessuno "chiede visita" o si aggrappa a futili pretesti per imboscarsi.

Partenza sul far della sera: tutta la notte nella lenta tradotta priva di luci ed arrivo al mattino presto in Aosta; l'accampamento è stabilito poco fuori dalla città.

Notizie strane, incontrollabili, esaltanti o deprimenti, serpeggiano fra la truppa: volutamente le ignoriamo. Ognuno cura le specifiche mansioni affidategli e con giustificabile impazienza attende il momento della tenzone.

A varcare la linea di demarcazione, di confine, sale il I battaglione, impiegato d'improvviso, avventurosamente, quasi alla vigilia dell'armistizio: i piccoli L/3, che diventano minuscoli a petto della maestosità delle montagne, sono gettati allo sbaraglio. Ufficiali, sottufficiali e carristi cadono morti o feriti: è il primo tributo di sangue che nobiliterà il blasone del giovane reggimento.

Nel pantano di prati allagati, le truppe sono passate in rassegna dal Principe Umberto. Forse, chissà, può darsi che in mezzo all'improvvisa fiammata di esaltazione dovuta alla presenza del giovane comandante del gruppo armate ovest, si trovi anche chi giudica severamente la condotta di guerra sulle Alpi. Forse, dico".

Nel luglio del 1940 il Reggimento fu fatto rientrare nella sede di Parma, dove fu passato in rassegna da Benito Mussolini.

Guardia alla Frontiera – Compagne Carristi

Alla fine di gennaio del 1940 erano state create 5 Compagnie Carriste in organico alla Guardia Alla Frontiera, equipaggiata con una cinquantina di vetusti carri armati FIAT 3000, sia modello 21 che modello 30 (all'epoca classificati come carri leggeri L5/21 ed L5/30), tratti dai reparti Carristi del Regio Esercito già esistenti in territorio nazionale e non mobilitati; ogni Compagnia era organizzata su di un carro comando radio e tre Plotoni su 3 carri ciascuno. Inoltre, completavano la dotazione 2 autocarri pesanti, 2 carrelli porta carri, 1

---

8 "Il II/33°, mio battaglione", memoria dattiloscritta, citata in bibliografia.

autocarro leggero, 1 autovettura, 2 motociclette, con un organico costituito da 4 ufficiali, 5 sottufficiali e 35 carristi.

Alla campagna contro la Francia presero parte la 2ª, la 4ª e la 5ª Compagnia Carristi G.A.F.:

- **2ª Compagnia:** aveva sede a Borgo San Dalmazio (CN), comandata dal tenente Costantino Marchi, assegnata al III Settore di Copertura. Alla fine di maggio del 1940 passò alle dipendenze del II Corpo d'Armata della 1ª Armata; nel corso dell'offensiva contro la Francia fu dislocata nella zona Vinadio, sulla strada che conduce al Colle della Maddalena, senza muovere né prendere parte ad alcuna azione.

- **4ª Compagnia:** comandata dal tenente Adone Visconti, faceva parte del VII Settore di Copertura, responsabile della difesa del Moncenisio. All'inizio della guerra era alle dipendenze del IV Corpo d'Armata della 4ª Armata. Fu dislocata a Cesana Torinese (TO), sulla strada statale n° 24 del Monginevro, importante valico con la Francia, ma, iniziato il conflitto, fu posta alle dipendenze della Divisone "Sforzesca", che aveva il compito di forzare le difese francesi nella conca di Briançon. La sera del 17 giugno la Compagnia ricevette l'ordine di convergere su Clavière ed il trasferimento iniziò la mattina successiva, ma i tornanti che salivano verso il forte Chaberton risultarono troppo ripidi ed i carri non furono in grado di coprire il breve tragitto, rimanendo bloccati e dovendo rientrare a Cesana. I meccanici del reparto riuscirono a rimettere in efficienza 3 carri armati, con cui fu formato un Plotone che riuscì a raggiungere Clavière solo il 21 giugno, con grande fatica. Verso mezzogiorno del 22 giugno il Comando italiano diede ordine di occupare il piccolo abitato di Mont Genèvre e l'operazione fu portata a termine da un Plotone di formazione della Compagnia Carabinieri del Monginevro, supportati dai 3 carri FIAT 3000 della 4ª Compagnia Carristi della G.A.F.: i Carabinieri penetrarono nella cittadina, avanzando dietro i carri armati, che li protessero dalla fortificazione francese posta ad ovest del centro abitato. Fu questa l'unica operazione bellica, di cui si ha notizia, a cui parteciparono dei carri L5 (il nuovo nome dato ai FIAT 3000, secondo l'ordinamento entrato in vigore per i carri armati italiani) della Guardia Alla Frontiera. Al termine delle operazioni belliche la Compagnia fu fatta rientrare al Deposito, lasciando la dipendenza dal IV Corpo d'Armata e dal VII Settore G.A.F., per permettere una completa revisione e rimessa in efficienza dei carri armati del reparto.

- **5ª Compagnia:** era comandata dal capitano Giuseppe Ponzini ed all'inizio di maggio del 1940 si trasferì da Riva del Garda a Vallecrosia (IM), nello schieramento del I Settore di Copertura ed era l'unità con i carri armati nelle migliori condizioni. All'inizio della guerra fu inserita nel XV Corpo d'Armata della 1ª Armata e fu posta alle dipendenze della Divisione "Cosseria" e ricevette l'ordine di difendere la città di Ventimiglia (IM), con 5 carri posti nella parte occidentale dell'abitato, a copertura della via Aurelia, e gli altri 5 in riserva nella periferia orientale, con il capitano Ponzini. La Compagnia rimase su questa posizione anche quando la "Cosseria" passò all'attacco, penetrando in territorio francese, e, terminate le ostilità, il reparto fece ritorno a Vallecrosia.

I carri FIAT 3000 non poterono dunque fornire un contributo fondamentale alle operazioni di guerra, non solo perché la prevista "guerra in montagna" non si verificò in grande scala, come invece era stato previsto, ma anche a causa dei limiti tecnologici che questi carri ormai stavano dimostrando, risultando ormai sorpassati in una guerra moderna. D'altra parte, è necessario ricordare, però, che sullo stesso fronte l'esercito francese schierò esclusivamente i carri Renault FT,[9] fratelli maggiori dei FIAT 3000 (che di fatto erano una copia rielaborata appunto degli FT), a dimostrazione di quanto poco fosse ritenuto utile l'utilizzo di carri armati moderni in una guerra in alta quota.

Al termine della campagna contro la Francia, le 3 Compagnie furono rischierate sulla frontiera con la Jugoslavia.

Considerazioni sull'uso dei carri armati durante la Battaglia delle Alpi

Riassumano ora una serie di considerazioni, che possono essere tratte osservando l'impiego dei reparti di carri armati italiani nel corso della Battaglia delle Alpi. L'operazione, benché di piccola portata, si rivelò densa di insidie per i reparti corazzati italiani, che sin dall'inizio della campagna si trovarono ad operare in mezzo a gravi difficoltà. I francesi avevano reso i valichi molto pericolosi, fortificandoli con abilità e facendoli presidiare da truppe molto agguerrite; le vie d'accesso, soprattutto sul versante francese, erano eccessivamente scoscese e rese scarsamente praticabili dal maltempo per i carri armati italiani, che si trovarono a dovere procedere utilizzando la viabilità stradale, sulla quale gli avversari avevano creato degli sbarramenti minati, risultando quindi esposto al doppio pericolo delle mine e dei tiri d'artiglieria nemici.

I carri leggeri, che dovevano costituire il nerbo delle operazioni combinate italiane, si dimostrarono del tutto inefficaci contro postazioni fisse, poiché non appoggiati da un preventivo tiro d'artiglieria: la Battaglia delle Alpi servì a sfatare il mito del "carro da montagna", idea che stava alla base della concezione dei carri L3.

La campagna, quindi, nonostante sia stata brevissima in termini temporali, dimostrò una certa improvvisazione (anche da parte degli ufficiali carristi che, in diverse occasioni, si trovarono impreparati sul da farsi) e l'obsolescenza dei carri leggeri, che dovevano costituire la spina dorsale dei reparti corazzati del Regio Esercito. Questi carri, infatti, non poterono reggere il confronto contro opere fortificate ed il loro impiego in contesti di questo genere risultava assolutamente inutile, anche a fronte di gravi perdite.

---

9 Si trattava dei carri armati del BCTC, Bataillon de chars des troupes coloniales.

▲ Carri L3/35 Lanciafiamme in sosta presso il confine francese (Benvenuti – Colonna).

▼ Un carro L3/35 al Colle del Moncenisio (Benvenuti – Colonna).

▲ Una colonna di carri L3 Lanciafiamme della Divisione "Littorio" sale da Aosta, diretta verso la Francia (Benvenuti – Colonna).

▲ Dopo avere varcato il confine, questa colonna di L3 inizia a scendere verso valle. I carri L dovettero marciare in fila indiana sulla carreggiata, esponendosi facilmente al fuoco nemico, poiché il terreno risultava impraticabile per via delle condizioni meteo avverse (Benvenuti – Colonna).

▼ Un carro L3/35, probabilmente del IV Battaglione Carri "Monti", distrutto dal fuoco francese (Benvenuti – Colonna).

▲ Durante le brevissime operazioni sul fronte delle Alpi, andarono persi alcuni carri armati leggeri; quello nella foto è il carro del tenente Giummolè (Benvenuti – Colonna).

▼ Immagine ravvicinata del carro L3/33 Radio (targato RE 1761) del tenente Giummolè, esploso su una mina, mentre tentava di recuperare il carro leggero del tenente Montecchi e del caporalmaggiore De Vita (Benvenuti – Colonna).

▲ Una colonna di Bersaglieri, in parte in bicicletta, in parte autotrasportati su autocarri Bianchi Mediolanum al Moncenisio.

▼ Carri armati in marcia sul fronte delle Alpi occidentali nel giugno 1940: si notano le pessime condizioni del terreno (ACS).

▲ Un carro armato FIAT 3000, modello 21 Radio, privo della coda, di un reparto della Guardia Alla Frontiera (Benvenuti – Colonna).

▼ Uno dei pochi carri armati FIAT 3000, impiegati sul fronte della Alpi, fotografato a Montgenevre (Monginevro), dopo l'occupazione del piccolo centro abitato (Cucut).

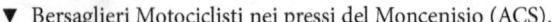

▲ Soldati durante una pausa delle operazioni su un autocarro leggero CL39 (ACS).

▼ Bersaglieri Motociclisti nei pressi del Moncenisio (ACS).

▲ Una colonna di mototricicli dei Bersaglieri nel fondovalle diretti verso il Piccolo San Bernardo (ACS).

▼ Colonna di carri leggeri del 1° Reggimento Fanteria Carrista sulla piana del Moncenisio. In testa alla colonna vi è un L3/35, seguito da carri L3/35 Lanciafiamme (ACS).

▲ Un' officina da campo in piena attività sul Fronte Occidentale.

▼ Bersaglieri motorizzati in sosta nei pressi di un valico alpino (ACS).

▲ Un CL 39 messo fuori uso da un colpo d'artiglieria francese (ACS).

▼ Un carro L3 Lanciafiamme del IV Battaglione Carri "Monti" in marcia (Cucut).

▲ Carristi del IV Battaglione Carri "Monti" del 1° Reggimento Carristi durante una pausa delle operazioni (Cucut).

▼ Un'altra immagine di carri L3 del Battaglione "Monti" in sosta a Gran Croce, frazione del comune di Moncenisio (Cucut).

▲ Un carro L5 modello 21 (i carri FIAT 3000 erano stati ridenominati carri L5) della 4ª Compagnia Carristi della Guardia Alla Frontiera a Cesana (Cucut).

▼ I carri armati del IV Battaglione "Monti" del I Reggimento Fanteria Carrista si avviano verso la frontiera con la Francia (Cucut).

▲ Soldati francesi accanto a due carri armati Renault FT17, in una fotografia scattata poco prima della guerra: questi furono gli unici carri armati schierati dai francesi sul fronte delle Alpi (fonte WEB).

▼ Una pattuglia di motociclisti della Milizia della Strada scorta le autocolonne dirette sul fronte delle Alpi Occidentali nel giugno 1940.

▲ Intenso movimento di truppe di ogni specialità sulle rotabili nei pressi del confine italo – francese.

▼ Autocarri SPA 38, mimetizzati con frasche, in movimento nella zona del Piccolo San Bernardo (ACS).

▲ Un reparto di Bersaglieri motociclisti pronto ad avanzare nella zona del Moncenisio (ACS).

▼ Reparti di artiglieria in azione al confine con la Francia (ACS).

▲ Un attendamento delle truppe italiane in alta quota.

▲ Soldati di Fanteria a bordo di autocarrette raggiungono il fronte nella zona del Piccolo San Bernardo (ACS).

▼ Un fotografo militare al lavoro mentre segue le operazioni sul fronte delle Alpi (ACS).

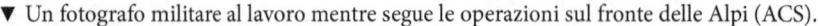

▲ Riparazione delle linee telefoniche nella zona del Piccolo San Bernardo, in condizioni metereologiche proibitive. Si notano un CL39 e un carro L3 (ACS).

▼ Truppe motorizzate in sosta al valico di confine del Piccolo San Bernardo (ACS).

▲ Un carro L3 supera un cippo nella zona del Piccolo San Bernardo: nonostante fosse giugno inoltrato, le truppe italiane si trovarono ad operare in un ambiente quasi invernale (ACS).

▼ Pezzo d'artiglieria italiano in posizione (ACS).

▲ Colonna di carri leggeri in marcia al Piccolo San Bernardo in mezzo a nubi basse (ACS).
▼ Un carro lanciafiamme L3/35 in sosta presso il San Bernardo (ACS).

▲ Lo stesso carro della fotografia precedente, ripreso da tergo. Il carrello è targato "RE 137 r (ACS).
▼ Pezzo d'artiglieria francese catturato dalle truppe italiane.

▲ Prigionieri francesi.

▼ Un carro presidia un incrocio stradale a pochi chilometri da Lanslebourg-Mont-Cenis, comune francese situato nei pressi del valico del Moncenisio (ACS).

▲ Una sezione di mortaisti supera un carro armato L3: la foto è stata scattata nello stesso punto della precedente (ACS).
▼ Militari in marcia seguono un carro armato L3/35 al valico del Moncenisio (ACS).

▲ Grande striscione su una casa delle Alpi Occidentali reca la scritta: "SIAMO PASSATI E PASSEREMO"; gli autocarri sono dei Bianchi Miles (ACS).

▼ Una colonna di carri leggeri attraversa confine del Piccolo San Bernardo mentre impazza una tormenta di neve (ACS).

▲ Riattamento stradale ad opera dei Genieri del Regio Esercito delle strade fatte saltare dalle truppe francesi (ACS).

▼ Un reparto carrista schierato nella zona del fronte (al Moncenisio od al Monginevro) il 29 giugno 1940 in attesa della visita di Mussolini (ACS).

▲ Il generale Alfredo Guzzoni in visita ai reparti italiani impegnati sul fronte delle Alpi occidentali (ACS).

▼ Le truppe italiane della Divisione Motorizzata "Trieste" ricevono la visita di S.A.R. il principe di Piemonte Umberto di Savoia (ACS).

▲ Umberto I passa in rassegna un reparto di Bersaglieri motociclisti.

▼ Lapide deposta alla memoria dei tenenti Carlo Montecchi e Vincenzo Giummole e del caporalmaggiore Rosario Di Vita della 1ª Compagnia del 33° Reggimento Fanteria Carrista della Divisione corazzata "Littorio", morti durante la discesa dal Colle del Piccolo San Bernardo (ACS).

▲ I carristi del 33° Reggimento della Divisione "Littorio", rientrati nella loro sede dopo la campagna sul fronte delle Alpi occidentali, vengono passate in rassegna da Benito Mussolini (Benvenuti – Colonna).

▼ Un'altra immagine dei reparti carristi del 33° Reggimento della Divisione "Littorio" passati in rassegna da Benito Mussolini.

▲ Immagine del confine italo – francese prima dello scoppio delle ostilità nel giugno 1940 al ponte San Luigi, all'ingresso di Mentone. Il bar della fotografia è tutt'oggi esistente e funzionante.

▼ Artiglieria pesante italiana in azione nei pressi di Calvo, frazione di Ventimiglia: sullo sfondo la chiesa di San Pancrazio (ACS).

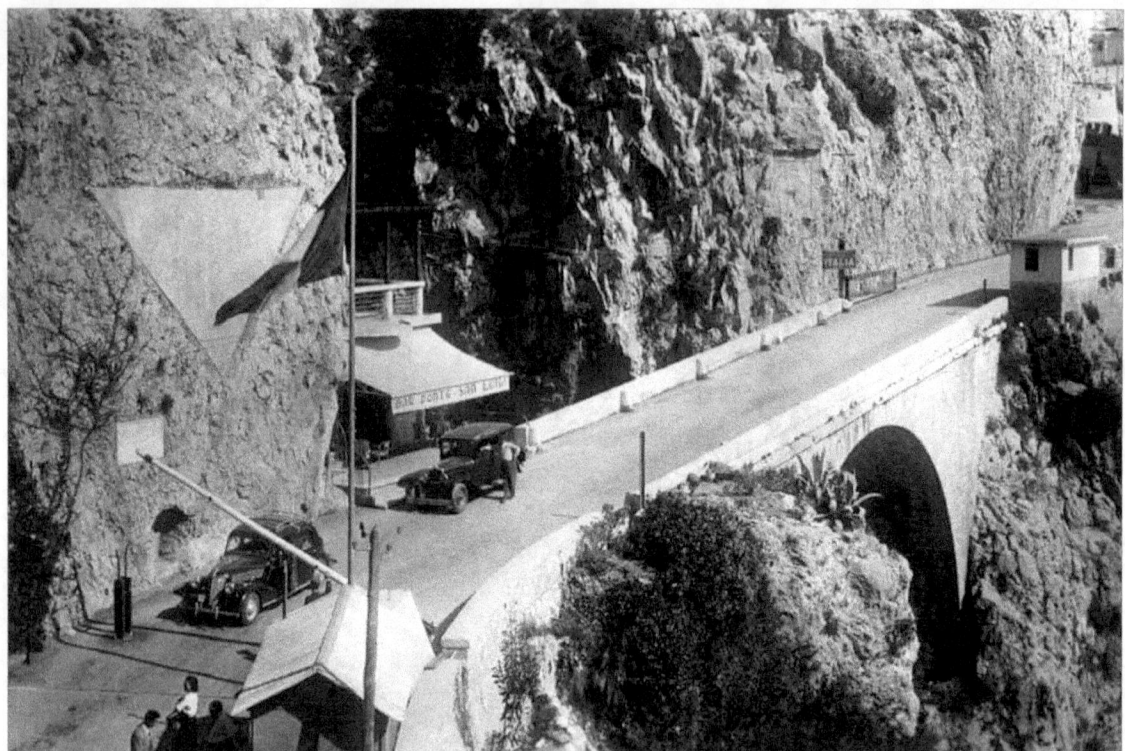

▲ Effetti del bombardamento che i francesi effettuarono tra il 22 ed il 24 giugno 1940 sull'abitato di Ventimiglia (ACS).

▼ Ufficiali italiani a Ventimiglia il 24 giugno 1940 (ACS).

▲ Autocarri italiani distrutti dal fioco nemico sul Colle della Maddalena (ACS).
▼ Un ufficiale italiano indica da una terrazza panoramica la città di Mentone, che si trova appena varcato il confine.

▲ Il generale Gastone Gambara con alcuni ufficiali nella zona di Ventimiglia il 24 giugno 1940 (ACS).
▼ Camicie Nere ritratte a Mentone al termine degli scontri con le truppe francesi (ACS).

▲ La delegazione francese si reca a Villa Incisa per la firma dell'armistizio franco - italiano.

OCCUPAZIONE DELLA FRANCIA MERIDIONALE (NOVEMBRE 1942 SETTEMBRE 1943)

L'occupazione italiana della Francia meridionale è un evento militare poco studiato nel quadro complessivo della Seconda guerra mondiale, probabilmente sia per la breve durata (a parte alcune ristrettissime porzioni viciniori ai confini, come Mentone, si protrasse infatti soltanto per una decina di mesi dal 1942) che per la totale assenza di eventi bellici di resistenza armata da parte della popolazione locale.

L'Operazione "Torch", cioè lo sbarco degli Alleati in Marocco e Algeria, tra l'8 ed il 16 novembre 1942, mise in grande stato di allerta i comandi dell'Asse, che iniziarono a percepire (soprattutto i tedeschi) il territorio della "Francia di Vichy" come un anello debole della catena difensiva dell'Europa meridionale, che sarebbe potuto diventare un nuovo obiettivo di sbarco per gli Alleati, con il quale puntare al cuore del Vecchio Continente, visto anche la scarsa affidabilità delle truppe della Francia di Vichy dimostrata proprio in Nord Africa. Per questi motivi fu predisposta l'occupazione del territorio della Tunisia, che fu occupata dall'Afrikakorps e dai reparti italiani in Nordafrica, e delle zone metropolitane che costituivano la cosiddetta Zona libera della Francia (Operazione "Anton"). L'obiettivo primario era la cattura della flotta francese nel porto di Tolone, che aveva ancora un interessante valore bellico e fu così progettata ed attuata l'Operazione "Lila", con l'obiettivo di impossessarsi di quanto più naviglio possibile. Il comandante navale francese, L'ammiraglio Jean de Laborde, comandante della Marina francese, riuscì tuttavia a negoziare una piccola tregua, grazie alla quale riuscì a far partire le navi di nascosto: i tedeschi non poterono che guardare mentre le navi si autoaffondavano al largo e nel porto della città. Il naviglio perso ammontava a 3 corazzate, 7 incrociatori, 28 cacciatorpediniere e 20 sommergibili. Gli italiani utilizzarono i resti della flotta francese affondata come materiale da fusione.

Il Regio Esercito impiegò nell'Operazione "Anton" un notevole numero di risorse, la 4ª Armata ed il VII Corpo d'Armata. Nonostante il dispiegamento di forze paia molto consistente[10], i reparti italiani erano scarsamente motorizzati ed il Regio Esercito non riuscì ad occupare tutto il territorio di propria competenza, tanto che la zona d'occupazione fu limitata: dal 12 novembre il VII Corpo d'Armata occupò la Corsica (delle cui vicende tratteremo nel capitolo successivo) mentre la 4ª Armata otto Dipartimenti sudorientali della Francia (Costa Azzurra, Savoia e persino il Principato di Monaco), in un'area compresa tra il confine alpino, il fiume Rodano e la costa mediterranea, con l'esclusione delle città di Lione e Marsiglia.

L'occupazione italiana si protrasse fino all'Armistizio dell'8 settembre 1943, sostanzialmente in maniera tranquilla, in un quadro dove si muovevano la 4ª Armata la popolazione, il governo di Vichy, i tedeschi (presenza ingombrante) e la Commissione Italiana di Armistizio.

---

10 Per dare una misura dello sforzo profuso in Francia basta ricordare che, secondo un rapporto del 31 maggio 1943, quindi in piena fase di occupazione del territorio francese, la 4ª Armata disponeva di 4 Divisioni di Fanteria, 2 Divisioni Alpine, 3 Divisioni Costiere ed altri reparti, per un totale di 6.000 ufficiali e 136.000 tra sottufficiali e militari di truppa, ed il VII Corpo d'Armata contava su 2 Divisioni di Fanteria, 1 Divisione Costiera ed altri reparti, per un totale di 3.000 ufficiali e 65.700 tra sottufficiali e militari di truppa.

Le autorità italiane, infatti, amministrarono i territori in maniera molto meno dura rispetto a quelle tedesche e la convivenza tra le autorità, la popolazione locale ed i comandi italiani, fu complessivamente abbastanza pacifica e rispettosa, favorita dalla vicinanza culturale e dalla presenza di una folta comunità italiana o di origine italiana, nonostante gli inevitabili attriti verso gli occupanti, la sufficienza e il disprezzo dimostrati dalla popolazione francese verso un esercito che nel 1940, di fatto, non li aveva sconfitti. Gli emigrati italiani, all'epoca, erano in genere integrati nella società francese, ma in parte si trovavano ancora politicamente legati all'Italia, sia chi si sentiva vicino al fascismo (il regime, infatti, sosteneva le aspirazioni annessionistico-irredentiste di uno strato della popolazione) sia invece chi, nel campo opposto, era un emigrato fuoriuscito perché oppositore del regime. L'opposizione della popolazione francese sfociò solo in rari casi in azioni di guerriglia vera e propria, in risposta delle quali le contromisure italiane si attuarono con arresti, processi e internamenti a danno dei membri della Resistenza.

A Nizza fu ripristinato il quotidiano locale "Il Nizzardo", che venne diretto da Ezio Garibaldi, nipote di Giuseppe Garibaldi. Nella città costiera si erano rifugiati migliaia ebrei, anche di lingua italiana, in fuga dalla persecuzione nazista, organizzando nella città anche il centro di alcune organizzazioni ebraiche. Grazie all'opera dell'avvocato ebreo Angelo Donati e del frate cappuccino Padre Maria Benedetto, le autorità fasciste frenarono l'applicazione delle leggi antisemite e la deportazione degli ebrei durante l'occupazione della città.

A seguito dello sbarco in Sicilia e gli eventi del 25 luglio 1943 parte delle truppe stanziate nella Francia meridionale furono richiamate in Italia; i tedeschi, temendo un evolversi ancora più negativo della situazione, iniziarono i preparativi per un eventuale intervento militare nella zona, intervento che non si fece attendere l'indomani dell'Armistizio. Alla firma dell'Armistizio con gli Alleati, infatti, i tedeschi colsero i reparti della 4ª Armata ancora presenti in Francia in procinto di partire: la resistenza italiana fu debole e di breve durata; perciò, la gran parte dei soldati italiani furono catturati; solo pochi elementi riuscirono a darsi alla macchia e ad aderire, con grande fatica poiché ex occupanti, alla Resistenza francese. Le truppe tedesche invasero le zone occupate dal Regio Esercito Italiano, iniziando brutali incursioni. Per la sua resistenza antinazista, Nizza fu vittima di rappresaglie e deportazioni di ebrei: nei primi 5 di occupazione tedesca, circa 5.000 ebrei furono catturati e deportati dai reparti delle SS, comandate da Alois Brunner. Bombardata brutalmente dagli Alleati il 26 maggio 1944, Nizza passò definitivamente sotto il controllo degli anglo-americani il 28 agosto, a seguito dello sbarco alleato nel sud della Francia (Operazione "Dragoon").

I reparti corazzati

II Gruppo Squadroni Corazzati "San Marco"
Inquadrato nella 2ª Divisione Celere "Emanuele Filiberto Testa di Ferro", era dotato di carri L3 ed L6. I reparti del Gruppo occuparono la Provenza e vi rimasero come forza d'occupazione fino al settembre del 1943, quando, seguendo la Divisione, iniziò a muovere per riportarsi in patria. Il Gruppo "San Marco" venne disarmato sulla via del ritorno in Italia dai tedeschi.

Reggimento Piemonte Reale Cavalleria[11]

Nel corso della Seconda guerra mondiale, il Reggimento fu inquadrato nella 2ª Divisione Celere "Emanuele Filiberto Testa di Ferro", con cui prese parte alla Campagna di Jugoslavia nel 1941 e successivamente ad operazioni di controguerriglia in Croazia fino al 26 giugno 1942. Nella seconda metà del 1942, quando fu pianificata l'occupazione della Francia meridionale, il Reggimento, che aveva in organico il III Gruppo equipaggiato con carri leggeri L6/40, seguì le sorti della 2ª Divisione Celere, che iniziò il trasferimento in territorio d'occupazione il 13 novembre, venendo dislocata prima a presidio della zona di Nizza e poi lungo il settore Mentone-Draguignan, quando assunse anche il controllo del tratto di costa Antibes-Saint Tropez. Il Reggimento Piemonte Reale Cavalleria fu ridislocato per la difesa costiera ed a presidio delle località di Antibes, Théoule, Tolone, Nizza, Colle Noire, Tanneron, con il Gruppo carri L6/40 acquartierato nella zona di Nizza, pattugliando il settore costiero di Antibes-Saint Tropez, a partire dal mese di dicembre, in sostituzione della 58ª Divisione di Fanteria "Legnano".

La 2ª Divisione Celera rimase sulle sue posizioni fino al 4 settembre 1943, quando iniziò il movimento per il rientro in patria con destinazione Torino. Il 9 settembre, a seguito dell'Armistizio, la Divisione si posizionò inizialmente le proprie unità intorno città di Torino, per prevenire il movimento delle truppe tedesche verso la città, ma il giorno successivo si trasferì verso il confine francese, a sbarramento delle valli Maira e Varaita, per coprire il rientro dalla Francia delle unità italiane, venendo però sciolta il 12 settembre. Il Reggimento Piemonte Reale Cavalleria, raggiunta Venaria Reale, fu posto agli ordini del Comando Difesa Territoriale di Torino e fu rinforzato da un Gruppo del 134º Reggimento Artiglieria e da reparti di Bersaglieri ciclisti e carristi. Fino al 12 settembre tenne testa alle truppe tedesche, che puntavano su Torino, combattendo tra Nichelino, Cambiano, Caraglio, Villafalletto e Savigliano. Qui, dopo una carica del 1º Squadrone, nei pressi del campo d'aviazione di Savigliano, per ordine superiore, messo in salvo lo Stendardo, il Reggimento si sciolse lo stesso 12 settembre 1943. Distribuite le scorte di viveri e i pochi soldi rimasti nelle casse reggimentali tra gli effettivi, lasciando a ciascuno, molti Cavalieri, a cui erano stati lasciati l'equipaggiamento e le armi individuali, riuscirono a superare le posizioni tedesche, facendo ritorno alle proprie case. Alcuni elementi del Reggimento si unirono alle nascenti formazioni partigiane, mentre altri furono catturati dalle forze armate germaniche ed avviati ai campi di prigionia in Germania.

18° Reggimento Bersaglieri corazzato

Anche il 18° Reggimento Bersaglieri corazzato fu inviato nella Francia meridionale. Il reparto era stato costituito il 1° febbraio 1942 a Siena, presso il Deposito del 5° Reggimento Bersaglieri, con l'organico basato su 2 battaglioni, come previsto per i reggimenti esploranti corazzati:
- Comando

---

[11] C'è disaccordo tra le diverse fonti sul nome dell'unità. Nicola Pignato e Filippo Cappellano sostengono che l'unità corazzata fosse stata denominata 1° Squadrone", ma non danno certezza del nome "Piemonte Reale". Altre fonti segnalano invece che a seguito della riorganizzazione del 1° agosto 1942, la 2ª Divisione Celere "Emanuele Filiberto Testa di Ferro" ricevette in organico il Reggimento "Piemonte Reale Cavalleria", probabilmente la stessa unità dotata di L6, ma con nome diverso.

- - - - - Plotone comando e collegamenti
    - Plotone autoblindo
    - Plotone artieri traghettatori
    - Plotone servizi
- LXVIII Battaglione Bersaglieri Corazzati
  - Compagnia comando
    - Plotone comando e collegamenti
    - Plotone autoblindo e carri di riserva
    - Plotone servizi
  - 1ª Compagnia autoblindo (su 17 autoblindo AB41)
    - Plotone comando
    - 1° Plotone
    - 2° Plotone
    - 3° Plotone
    - 4° Plotone
  - 2ª Compagnia carri L6/40
    - Plotone comando
    - 1° Plotone carri
    - 2° Plotone carri
    - 3° Plotone carri
    - 4° Plotone carri
  - 3ª Compagnia carri L6/40
    - Plotone comando
    - 1° Plotone carri
    - 2° Plotone carri
    - 3° Plotone carri
    - 4° Plotone carri
  - 4ª Compagnia motociclisti
    - Plotone comando
    - 1° Plotone motociclisti
    - 2° Plotone motociclisti
    - 3° Plotone motociclisti
- LXIX Battaglione Bersaglieri Corazzati
  - Compagnia comando
    - Plotone comando e collegamenti
  - 5ª Compagnia semoventi da 47/32 L40
    - Plotone comando
    - 1° Plotone semoventi
    - 2° Plotone semoventi
  - 6ª Compagnia cannoni da 20 mm
    - Plotone comando
    - 1° Plotone
    - 2° Plotone

- 3° Plotone
- 4° Plotone

Inizialmente i 2 battaglioni erano denominati I Gruppo Esplorante e II Gruppo Esplorante. Poche settimane dopo la su costituzione le 2 compagnie di carri L6/40 furono tratte dall'organico, per andare a costituire il LXVII Battaglione Bersaglieri motocorazzato, costituito il 25 febbraio a Siena, che fu successivamente inviato in Russia a sostegno dell'A.R.M.I.R., deficitario di elementi corazzati[12].

Il 18° Reggimento proseguì il suo addestramento senza i carri armati fino alla fine di luglio, ma fu, in breve, rafforzato con materiali e personale provenienti dal Deposito del 5° Reggimento Bersaglieri, che andarono a ricostituire la Compagnia autoblindo e le 2 Compagnie carri L6/40. A novembre, trasferitosi a Pordenone, il reparto poté completare l'addestramento tattico ed al fuoco, oltre a completare le dotazioni di carri armati e di autocarri. Dopo essere stato assegnato alla 4ª Armata Italiana di stanza in Provenza il 3 gennaio 1943, l'8 gennaio giunse l'ordine di mobilitazione ed il 18° Reggimento Bersaglieri si trasferì a scaglioni in Francia tra il 21 ed il 27 dello stesso mese, dislocato nel retroterra di Tolone, alle dipendenze del Raggruppamento tattico "Arpens", con compiti di guarnigione e difesa costiera. I reparti del Reggimento erano così dislocati:
- Comando Raggruppamento tattico "Arpens": Brignoles
- Comando di Reggimento: Flessons
- Comando e Compagnia comando del LXVIII Battaglione Bersaglieri corazzati: Carnoules
- 1 Compagnia autoblindo: Pignans
- 2 Compagnia carri L6/40: Pignans
- 3 Compagnia carri L6/40: Puget-Ville
- 4 Compagnia motociclisti: Puget-Ville
- LXIX Battaglione Bersaglieri corazzati: Basse.

I carri armati L6/40 del Reggimento recavano i nomi di glorie e di fatti d'arme, a cui il Reggimento aveva preso parte dalla sua costituzione fino alla Prima guerra mondiale.

Il 16 aprile 1943 il Raggruppamento tattico "Arpens" fu disciolto ed il Reggimento passò alle dipendenze del XXII Corpo d'Armata, con il supporto d'artiglieria del CCCLXXII Gruppo d'Artiglieria, armato con cannoni da 149/19. Il 10 luglio la Compagnia autoblindo fu trasferita presso il XII Corpo d'Armata, diventando la 7ª Compagnia autoblindo, inserita nel Raggruppamento Celere d'occupazione in Corsica, come vedremo nel prossimo capitolo. Il 18° Reggimento Bersaglieri mantenne le sue posizioni sino agli eventi del 25 luglio, allorquando, in virtù della mutata situazione politica e dell'incertezza dell'evolversi degli avvenimenti in Italia, ricevette l'ordine di rientrare in Italia e di dislocarsi a Torino, con funzioni di ordine pubblico. Nei primi giorni di settembre 1943 l'unità iniziò il trasferimento ferroviario nel Lazio, dove sarebbe stata assegnata al Corpo d'Armata Motocorazzato della 136ª Divisione Corazzata Legionaria "Centauro".

---

12 Per una trattazione approfondita della storia dell'unità si veda il libro "Corazzati italiani in Russia 1941-1944" di Paolo Crippa ed Antonio Tallillo, Soldiershop, 2022.

224ª Divisione Costiera

Fu costituita il 1° gennaio del 1943 a Firenze con unità di riserva dei Reggimenti Alpini regolari del Regio Esercito, destinata alla difesa costiera della zona della Francia Meridionale assegnata all'Italia. Fu assegnata al I Corpo d'Armata e faceva parte della guarnigione posta a presidio della piazza di Nizza.

Benché non dotata di una componente corazzata, il 2 gennaio 1943 alla 224ª Divisione Costiera furono assegnate 2 autoblindo A.M.D. Panhard 1935 (P. Type 178) dall'intendenza della 4ª Armata. Si trattava di due macchine sequestrate all'Esercito francese in seguito all'occupazione della Provenza (12 – 16 novembre 1942) ed erano probabilmente entrambe armate con 2 mitragliatrici da 7,7 mm indipendenti nella parte anteriore della torretta. Le 2 autoblindo Panhard risultano targate "RE 1360B" ed "RE 1361B".

▲ Copertina della rivista "Signal" che ritrae la corazzata "Strasbourg" semiaffondata, occupata da militari tedeschi.

▲ Reparti di Cavalleria italiani in una località della Costa Azzurra.

▼ L'incrociatore "Colbert", affondato a dritta, dopo essere stato dato alle fiamme nel porto di Tolone. Anche il COLBERT, che fu dato alle fiamme, affondò dritto. Dietro si vede la corazzata "Strasbourg".

▲ Ufficiali del 48° Reggimento d'Artiglieri Alpina a Cuers, località a poca distanza da Tolone, nel dicembre del 1942 (fonte WEB).

▲ Cerimonia ufficiale del 48° Reggimento d'Artiglieri Alpina a Cuers il 4 dicembre del 1942 (fonte WEB).

▼ Carri armati L6/40 del Reggimento Piemonte Reale Cavalleria entrano a Nizza nell'autunno del 1942 (Benvenuti – Colonna).

▲ La popolazione nizzarda osserva con preoccupazione l'arrivo dei corazzati italiani in città (Benvenuti – Colonna).

▼ Un'altra immagine della colonna di carri leggeri l6/40 in marcia per le strade di Nizza (Benvenuti – Colonna).

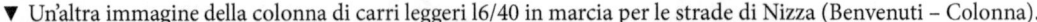

▲ Primo piano di uno dei carri L6/40 a Nizza (Benvenuti – Colonna).

▼ I carri armati italiani in movimento in una piazza della città di Nizza, durante le fasi dell'occupazione italiana nell'autunno del 1942 (Benvenuti – Colonna).

▲ La colonna di carri L6/40 in marcia lungo la famosa Promenade des Anglais, uno dei simboli della città di Nizza (Benvenuti – Colonna).

▼ I carri italiani fotografati da un'altra prospettiva sulla Promenade des Anglais (Benvenuti – Colonna).

▲ Un moviere del Regio Esercito dirige il traffico a Nizza nell'autunno del 1942 (B.A.).

▼ Militari tedeschi fotografati a Montecarlo sulla terrazza del Casinò. La città era stata occupata da reparti italiani nell'autunno 1942, come le altre località della Costa Azzurra (collezione privata).

▲ Il Comandante di Corpo d'Armata passa in rassegna i reparti motociclisti ed i reparti carristi (Benvenuti – Colonna).

▼ I mezzi corazzati sfilano davanti al Comandante di Corpo d'Armata, ripresi da un cineoperatore militare (Benvenuti – Colonna).

OCCUPAZIONE DELLA CORSICA (NOVEMBRE 1942-SETTEMBRE 1943)

La Corsica era stata occupata dagli italiani nel novembre 1942 e al momento dell'Armistizio si trovava a presidio il VII Corpo d'Armata, comandato dal Generale Magli, che disponeva di circa 60.900 militari. Il Comando italiano in Corsica si trovava presso l'Hotel "de la Paix" a Corte, un paese con una cittadella fortificata tra le montagne centro-settentrionali dell'isola.

Quella in Corsica fu l'unica resistenza vittoriosa in territorio francese; sull'isola erano presenti i seguenti reparti corazzati:
- CXXXI Battaglione Semoventi da 47/32
- XX Battaglione Semoventi da 47/32
- XIII Battaglione Carri L
- I Battaglione Carri L
- II Battaglione Carri L
- 10° Raggruppamento Celere

Complessivamente sull'isola erano disponibili 55 semoventi da 47/32 L40, 69 carri leggeri L3/35 ed L3/38 e 17 autoblindo AB41.

Nella seconda metà del 1943 i comandi italiani dovettero gestire un sentimento di crescente ostilità da parte francesi. La proporzione tra il contingente italiano e gli abitanti dell'isola era quasi esagerata, con un rapporto di circa un soldato ogni tre abitanti, situazione che veniva vissuta dai corsi come una sorta di provocazione continua. Le autorità italiane tentarono in ogni modo di dare alla presenza militare un carattere puramente difensivo nei confronti di possibili attacchi Alleati, ma i corsi, con il passare del tempo, la percepirono in maniera sempre crescente come una vera e propria occupazione.

I reparti italiani, rimasti all'oscuro dell'Armistizio, l'8 settembre si trovavano a presidio di lunghi tratti di costa, per evitare sbarchi alleati, mentre i tedeschi della SS-Sturmbrigade "Reichsführer SS" erano dislocati nella zona di Sartene. A sostegno di quest'ultima, nella notte tra l'8 ed il 9 settembre sbarcò a Bonifacio la 90.Panzergrenadier-Division e fin da subito i reparti italiani vennero ingaggiati dagli ormai ex-alleati, con azioni fulminee che miravano all'occupazione completa dell'isola. La sorpresa dettata dall'attacco tedesco disorientò notevolmente i reparti italiani, inizialmente convinti di essere attaccati da truppe americane, ma, chiarita la situazione, la reazione italiana si dimostrò decisa ed inflisse forti perdite ai tedeschi. Bisogna sottolineare, però, che il generale Giovanni Magli, comandante militare dell'isola, ricevette informazione dell'Armistizio circa un'ora prima dell'annuncio dato da Badoglio a Radio Londra e si preparò a resistere all'inevitabile reazione tedesca, liberando i partigiani francesi catturati nei mesi precedenti. Intorno all'1 di notte ci furono i primi contatti tra italiani e tedeschi, i quali tentarono di occupare il porto di Bastia. L'attacco tedesco ebbe successo ed il porto fu subito perso, ma i reparti del Regio Esercito riuscirono a riprenderne possesso in breve tempo. L'occupazione del porto avrebbe rappresentato per i tedeschi un grosso vantaggio: da un lato avrebbe precluso alle truppe italiane la via per rientrare verso la Sardegna, dall'altra si sarebbero assicurati un sicuro accesso per ricevere rinforzi e rifornimenti. Agli scontri presero parte i semoventi del XX Battaglione Semoventi da 47/32 della Divisone "Friuli", che era di stanza in città, carri L3 ed alcune AB41. Quasi contemporaneamente, numerosi violenti scontri si accesero in molte parti dell'isola, con alterne fortune ed il porto di Bastia fu nuovamente perduto. Infatti, gli italiani riuscirono per alcuni giorni a respingere nuovi tentativi di occupazione del porto ingaggiati dalle forze armate germaniche, ma, il 13 settembre, con l'appoggio di carri armati Tiger, i tedeschi ebbero la meglio e gli italiani furono costretti a ritirarsi e nascondersi in attesa dell'appoggio degli Alleati.

Il 14 settembre iniziò ad affluire nel porto di Ajaccio la 4ª Divisione franco-marocchina del 1° Corpo d'Armata, a sostegno delle truppe italiane, ed il 23 dalla Sardegna giunse ad Ajaccio la 1ª Batteria del DLXI Gruppo Semoventi da 75/18, su 6 pezzi; la Batteria fu spostata poi a Corte, partecipando alle successive operazioni contro i tedeschi, giungendo fino a Bastia. Da quel momento, dopo che i degollisti ebbero preso contatti con il generale Magli, le operazioni sul fronte di Bastia proseguirono congiuntamente e la collaborazione fra italiani e francesi alla completa disfatta delle truppe tedesche tra il 29 settembre ed il 4 ottobre. Quel giorno fu nuovamente riconquistato il vitale porto di Bastia, da unità dei Bersaglieri, del 4° Reggimento Meccanizzato e dei Goumiers del 1° Reggimento Marocchino, supportati dai semoventi L40. Le forze armate germaniche furono così obbligate ad imbarcarsi per mettersi in salvo sul continente, ed il giorno successivo furono catturati gli ultimi prigionieri tedeschi.

L'immediata reazione e la compattezza con cui i reparti italiani reagirono all'offensiva tedesca fece sì che sull'isola non si assistette alla tremenda rotta che si ebbe invece nei Balcani, nonostante i combattimenti fossero stati sostenuti dai reparti italiani in uno stato di evidente inferiorità d'armamento. L'impegno profuso consentì però lo sbarco indisturbato delle truppe francesi e la combattività dei soldati italiani inflisse importanti perdite tra i tedeschi, causando loro un notevole ritardo nell'abbandono dell'isola.

Dopo avere eliminata la minaccia tedesca nell'isola, però, i comandi Alleati non ritennero più opportuna la presenza di unità corazzate italiane, tanto che ai reparti presenti in Sardegna furono confiscati materiali, come le stazioni radio dei carri armati, in modo da renderli inutilizzabili, mentre quelli dislocati in Corsica dovettero cedere i proprio blindati ai degollisti ed i militari italiani furono trattati quasi alla stregua di prigionieri di guerra. Furono confiscati tutti i semoventi al CLXXXI ed al XX Battaglione dai reparti francesi e le due unità furono traferite in Sardegna (il 20 ottobre il XX Battaglione ed il giorno successivo il CLXXXI), per poi essere trasferiti nella Penisola sul finire dell'anno, venendo trasformati in semplici Battaglioni quadro. Il 17 ottobre il XIII Battaglione Carri L era sbarcato a Palau, dove fu sciolto il mese successivo, ad eccezione della Compagnia Motomitraglieri, che rimase autonoma ed il 22 ottobre la 1ª Batteria del DLXI Gruppo Semoventi da 75/18, rientrò presso il proprio reparto in Sardegna[13].

---

13 La Batteria dovette cedere ai reparti francesi 7 autocarrette CL39, 4 motociclette Benelli biposto ed un'autovettura FIAT 1100.

Il tributo di sangue italiano negli scontri in Corsica fu elevato, oltre 600 caduti, che oggi riposano nel cimitero dei "Lupi di Toscana" a Livorno. Nel corso delle operazioni in Corsica furono decorati di Medaglia di Bronzo al Valor Militare il Capitano Giovanni Carta, il Sottotenente Giuseppe Giuliano, il Sergente Ettore Moretti (alla memoria) ed i Carristi Bernardino Cenni e Pietro Zanni del CXXXI Battaglione Semoventi da 47/32, mentre il Sottotenente Domenico Chicco, ufficiale medico del battaglione, meritò una Croce di Guerra al Valor Militare.

Tutt'oggi, a distanza di quasi 80 anni dalla fine della Seconda Guerra Mondiale, in Corsica è facile imbattersi in residuati del conflitto, soprattutto autoveicoli e mezzi corazzati, alcuni dei quali, soprattutto nel corso degli ultimi anni, sono stati oggetto di progetti di recupero e di musealizzazione. Il recupero ed il restauro più famoso è probabilmente quello di un semovente da 47/32, che era appartenuto alla Divisone "Cremona". Questo semovente, insieme ad altri mezzi abbandonati dagli italiani, fu utilizzato nel dopoguerra come trattore da un boscaiolo, che lo abbandonò sulle montagne dopo i primi guasti. Il mezzo corazzato fu ritrovato nel 2008, su indicazione del suo vecchio proprietario, sull'altopiano tra Livio e Conca; fu successivamente oggetto di un restauro durato 2 anni, effettuato da Jean- Noël Aiquied è ora conservato presso il Musée de la Résistance Corse a Zonza. Nonostante il recupero non sia stato effettuato in maniera filologicamente corretta ed il mezzo presenti molti errori di ricostruzione, si tratta dell'unico semovente L40 da 47/32 conservato al mondo, oltre a quello ad Aberdeen negli Stati Uniti, presso l'US Army Ordnance Museum.

I reparti corazzati

CXXXI Battaglione Semoventi da 47/32 della Divisione di Fanteria "Cremona"

Proveniva dal Deposito del 31° Reggimento Carristi di Siena, formato su 2 Plotone Semoventi. Assegnato alla Divisione di Fanteria "Cremona", il Battaglione fu inviato in Corsica nel novembre del 1942 in seguito allo sbarco alleato in Algeria e Tunisia.

XX Battaglione Semoventi da 47/32 della Divisione di Fanteria "Friuli"

Il Battaglione si era costituito presso il Deposito di Verona del 32° Reggimento Carristi, dove era stato formato nell'ottobre del 1942, su 2 Plotoni di Semoventi L40 da 47/32. Era comandato dal Tenente Colonnello Alessandro Minelli ed era stato assegnato alla Divisione "Friuli", per essere inviato in Corsica alla fine dello stesso mese di ottobre.

I Battaglione Carri L del 33° Reggimento Carristi

Il reparto era comandato dal Maggiore Gaspare Calcara, proveniva dal Deposito del 33° Reggimento Carristi, equipaggiato esclusivamente con carri L3/35 ed alcuni L6/40, ed era organizzato su:
- Compagnia Comando (con 2 carri L3/35 e 2 carri L6/40)
- 1ª Compagnia (con 13 carri L3/35)

- 2ª Compagnia (con 13 carri L3/35)
- 3ª Compagnia (con 13 carri L3/35)

II Battaglione Carri L del 33° Reggimento Carristi
Il reparto proveniva dal Deposito del 33° Reggimento Carristi, equipaggiato esclusivamente con carri L3/35.

XIII Battaglione Carri L del 33° Reggimento Carristi
Il Battaglione proveniva dal 33° Reggimento Carristi, al comando del Maggiore Antonio Anedda, ed in buona parte era equipaggiato con carri leggeri L3 rimodernati allo standard 38. Il Battaglione, di stanza in Sardegna, era stato inviato in Corsica durante l'occupazione dell'isola nel novembre del 1942 ed aveva un organico di 22 ufficiali, 32 sottufficiali e 316 uomini di truppa ed era articolato su:

- Compagnia Comando
- 1ª Compagnia Carri
- 2ª Compagnia Carri
- Compagnia Motomitraglieri

10° Raggruppamento Celere
Questo Raggruppamento, posto al comando del tenente colonnello Ettore Fucci, era stato costituito con Battaglioni e Compagnie distaccati da Depositi e Reggimenti, per essere messi a disposizione del VII Corpo d'Armata in Corsica. Il Raggruppamento fu costituito a Corte, dove si trovava il Comando italiano della Corsica; composto di Alpini e Bersaglieri era una sorta di forza celere di pronto intervento, da utilizzare per qualsiasi evenienza in ogni parte dell'isola; sui compiti principali erano il pattugliamento delle vie di comunicazione, per prevenire attacchi partigiani ai convogli e sabotaggi stradali, e la difesa costiera. Il Raggruppamento era formato da:

- Comando
- XXXIII Battaglione Bersaglieri Ciclisti[14]
- LXXI Battaglione Bersaglieri Motorizzato
- 107ª Compagnia Motociclisti
- 7ª Compagnia Autoblindo, su Plotone Comando e 4 Plotoni Autoblindo, con 17 autoblindo AB41

Quest'ultima Compagnia altro non era che la 1ª Compagnia del 18° Reggimento Bersaglieri, che era stata distaccata dal reparto originari ed inviata in Corsia come rinforzo per il 10° Raggruppamento Celere.

---

14 Era dislocato a Vizzavona, un minuscolo paese a circa 40 chilometri a sud di Corte, a 900 metri d'altezza.

▲ Sbarco di semoventi da 47/32 nel porto di Bastia l'11 novembre 1942.

▼ Un altro semovente da 47/32 del CXXXI Battaglione Semoventi L40 sbarca a Bastia. Si tratta di un semovente Comando Plotone, del I Plotone della 2ª Compagnia.

▲ Un'altra immagine dei semoventi del CXXXI Battaglione L40, concentrati sulle banchine del porto di Bastia nell'autunno del 1942.

▼ Un reparto di Camicie Nere appena sbarcati in Corsica nel porto di Bastia.

▲ Camicie Nere in marcia in un centro abitato della Corsica: interessante l'uso del portacaricatori "Samurai" da parte del legionario all'estrema destra, che, di conseguenza, doveva essere armato di moschetto automatico MAB 38.

▼ Carri armati L3 italiani sul lungomare di Ajaccio in Corsica (Benvenuti – Colonna).

▲ Un ufficiale del reparto della Milizia Volontaria di Sicurezza Nazionale, ritratto nella fotografia precedente, conferisce con un gendarme francese.

▲ Sulla Place d'Austerlitz ad Ajaccio, di fronte al monumento dedicato a Napoleone Bonaparte, sfilano alcuni carri armati italiani L3/33 del XIII Battaglione Carri L: si tratta di due carri comando, dotati di apparecchiatura radio (Benvenuti – Colonna).

▼ Primo piano di uno dei due carri della foto precedente: è interamente dipinto in verde scuro (Manes).

▲ Un altro L3/33 del XIII Battaglione Carri L nei pressi del monumento a napoleone ad Ajaccio (Benvenuti – Colonna).

▼ Autoblindo italiane a Corte in Corsica.

▲ Autoblindo italiane del 7° Reggimento Bersaglieri in Avenue Jean Nicoli a Corte, nella Corsica centro-settentrionale, cittadina dove si trovava il Comando italiano dell'isola, nel novembre del 1942.

▼ Alcuni Bersaglieri del Raggruppamento Celere in sosta ad un crocevia stradale nella Corsica settentrionale.

▲ Un reparto di artiglieria va a prendere posizione in territorio corso, durante le fasi dell'occupazione italiana. In primo piano si vede una vettura FIAT 508 Cm, alle sue spalle un trattore TL37.

▼ Un'AB41 in marcia su un'impervia strada della Corsica settentrionale.

▲ Colonna formata da 3 autoblindo AB41 del 10° Raggruppamento Celere e da autocarri SPA 38.

▼ Autoblindo AB41 fotografate in Corsica il 6 novembre 1942, poco dopo il loro arrivo sull'isola.

▲ Autoblindo AB41 dei Bersaglieri della 7ª Compagnia Autoblindo del 10° Raggruppamento Celere in marcia nei pressi dell'abitato dall'abitato di Corte, il cui centro storico si vede sullo sfondo a destra.

▲ Artiglieri italiani si esercito all'uso di artiglieria pesante da costa francese catturata.
▼ Una colonna di autocarri italiani si sposta su una rotabile: sullo sfondo si vede il Monte Cinto innevato.

▲ Autoblindo AB41 pattugliano una strada in quota: la presenza di militari italiani in Corsica era, in rapporto alla popolazione, estremamente elevata.

▼ Una colonna di TL37 con cannoni al traino va a prendere posizione per un'esercitazione.

▲ Le bocche da fuoco vengono staccate dai trattori e messe in posizione.

▼ Posizione mimetizzata di uno dei cannoni da 75/27 sulle alture della Corsica, appartenente al reparto fotografato nelle immagini precedenti.

▲ Un motociclista ed un carrista di un reparto corazzato italiano fotografati davanti ad un negozio di tabacchi.

▼ Corazzati e motociclisti dei Bersaglieri del 10° Raggruppamento Celere scortano una colonna per le vie di un centro abitato in Corsica, nei pressi di un posto di blocco italiano, rafforzato con delle interruzioni stradali, realizzate con muretti a secco in pietra.

▲ Semoventi L40 in marcia: il primo è targato "RE 4237".

▼ Una pattuglia di autoblindo del 10° Raggruppamento Celere lascia il centro abitato di Corte: Le macchine hanno sulla prua delle catene per la neve, utilizzate anche sui terreni fangosi per aumentare l'aderenza degli pneumatici.

▲ Le AB41, sulle quali sono state posizionate delle frasche a scopo mimetico, riprese da un'altra angolazione.

▼ Ufficiali della Wehrmacht a colloquio durante le operazioni di imbarco per la Corsica a Palau l'8 settembre 1943 (B.A.).

▲ Automezzi tedeschi della 90.Panzergrenadier-Division in partenza dalla Sardegna, dove andranno ad affiancare i militari della SS-Sturmbrigade "Reichsführer SS", con l'obiettivo di scalzare le forze armate italiane ed impossessarsi dell'isola (B.A.).

▼ Militari tedeschi della 90.Panzergrenadier-Division durante la navigazione verso la Corsica.

▲ L'isola della Corsica è in vista ed i carristi della 90.Panzergrenadier-Division si preparano allo sbarco.

▼ Un ufficiale Carrista scruta l'orizzonte con il binocolo da un L3/33 Radio in Corsica; si può notare come il carro sia stato portato agli standard CV38, grazie alla presenza delle cassette delle batterie sui parafanghi anteriori (Arena).

▲ Carri armati CV38 in Corsica parcheggiati davanti ad una scuola. Il primo carro armato, un L3/38 Radio con antenna a stilo, porta lo stemma metallico dei Carristi sulla parte anteriore del carro ed ha una mimetizzazione e macchie marrone rossiccio e nere su sfondo verde (Arena).

▼ Santa Messa al campo officiata tra i semoventi da 47/32 in Corsica (Crippa).

▲ Una colonna di semoventi del CXXXI Battaglione Semoventi L40 in marcia tra le alture corse.

▼ La stessa colonna della foto precedente attraversa un centro abitato. Il mezzo in testa è un semovente comando, dotato di apparecchiatura radio; tutti i semoventi hanno una colorazione uniforme giallo sabbia.

▲ Semoventi Stu.G. III della SS-Sturmbrigade "Reichsführer SS" muovono da Bastia verso i porti di San Bonifacio e di Porto Vecchio, dove sarebbero sbarcate le unità della 90.Panzergrenadier-Division (Arena).

▲ Un reparto di Bersaglieri motociclisti del 10° Raggruppamento Celere, appoggiati da un'autoblinda AB41, in sosta in un villaggio della Corsica.

▼ Gli equipaggi della AB41 in un momento di pausa durante un trasferimento.

▲ Semoventi Stu.G. III della SS-Sturmbrigade "Reichsführer SS" fermi in attesa di ordini, dopo l'annuncio dell'Armistizio.

▲ Foto di gruppo di soldati tedeschi della SS-Sturmbrigade "Reichsführer SS", ritratti durante un momento di pausa.

▼ Militari italiani della Sanità in movimento in un villaggio corso, durante gli scontri sostenuti contro le truppe tedesche.

▲ Semoventi Stu.G. III della SS-Sturmbrigade "Reichsführer SS" in marcia.

▼ Primo piano dell'equipaggio di uno Stu.G. III della SS-Sturmbrigade "Reichsführer SS".

▲ L'appoggio dei semoventi italiani L40 agli scontri contro i tedeschi, nei giorni seguenti l'Armistizio, fu fondamentale: in questa immagine uno di questi mezzi, mimetizzato con delle frasche, in movimento in una strada di campagna.

▼ Un semovente comando da 47/32 L40 del CXXXI Battaglione Semoventi L40: l'immagine permette di apprezzare la colorazione giallo sabbia e la presenza dell'antenna, indice della presenza dell'apparato radio di collegamento. All'estrema sinistra si nota un altro mezzo similare.

▲ Mezzi corazzati italiani presidiano il Boulevard Dominique Paoli a Bastia, dopo l'annuncio dell'Armistizio.

▼ Un semovente da 47/32 L40 del XX Battaglione Semoventi da 47/32 presidia il porto di Bastia in Corsica, dopo che le truppe italiane lo avevano riconquistato ai militari tedeschi; il mezzo ha targa "RE 5720"; sullo sfondo il piroscafo "Humanitas" danneggiato (Arena).

▲ Dopo una notte di combattimenti, il porto di Bastia, occupato dalle truppe tedesche solo per poche ore, venne ripreso grazie al deciso intervento italiano, sostenuto dai semoventi del XX Battaglione.

▲ Lungo la strada per Bastia, il relitto di un semovente tedesco Stug. III Ausf. G della SS-Sturmbrigade "Reichsführer SS", distrutto dalle artiglierie italiane, viene ispezionato da militari di Sanità del Regio Esercito (Arena).

▼ Un Semovente L40 da 47/32 ristrutturato (con qualche licenza poetica) e conservato al Musée de la Résistance Corse a Zonza, villaggio dell'Alta Rocca in Corsica.

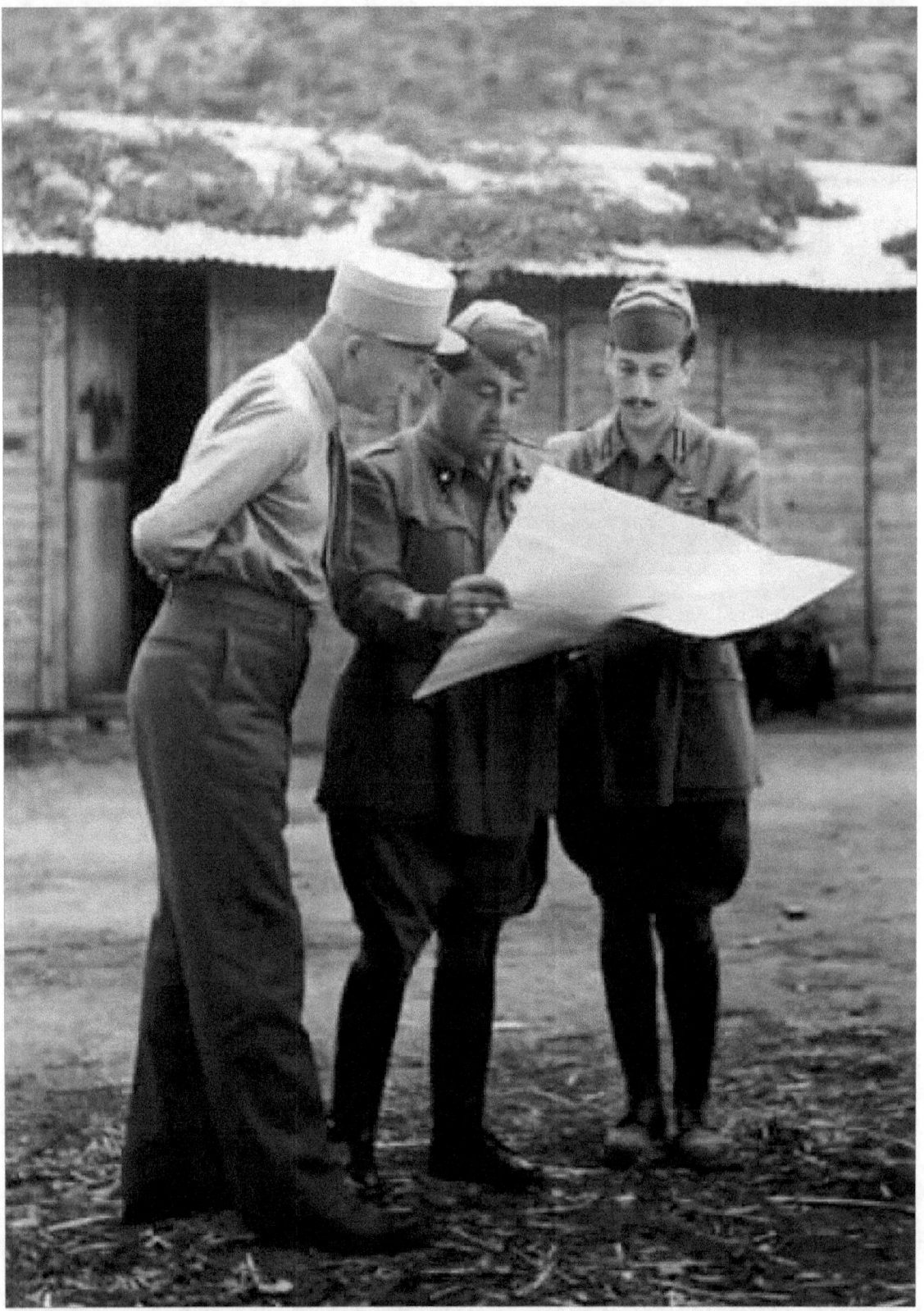

▲ Un ufficiale francese delle forze fedeli a De Gaulle studia una cartina insieme ad un ufficiale del XX Battaglione Semoventi ed uno della Divisione "Friuli" in Corsica.

BIBLIOGRAFIA

Libri

- AA.VV., "Storia dei mezzi corazzati", Fratelli Fabbri Editori, Milano 1976.
- AA.VV., "Giugno 1940 - Guerra sulle Alpi", Italia Editrice, Campobasso, 1994.
- AA.VV., "Soldati e Battaglie della Seconda Guerra Mondiale", Hobby & Work Italiana Editrice, Bresso (MI), 1999.
- Barba Selene, "La Resistenza dei militari italiani all'Estero – Francia e Corsica", Rivista militare, Roma, 1995.
- Barlozzetti Ugo, Pirella Alberto, "Mezzi dell'Esercito italiano 1935 – 1945", Editoriale Olimpia, Firenze, 1986.
- Benvenuti Bruno, Colonna Ugo, "Fronte Terra" volumi 1, 2/I, 2/II e 2/III, Edizioni Bizzarri, Roma 1974.
- Cappellano Filippo, Pignato Nicola, "Gli autoveicoli da combattimento dell'Esercito Italiano", volume I, S.M.E. – Ufficio Storico, Roma, 2002.
- Cappellano Filippo, Pignato Nicola, "Gli autoveicoli da combattimento dell'Esercito Italiano", volume II, S.M.E. – Ufficio Storico, Roma, 2002.
- Cappellano Filippo, Pignato Nicola, "Il Regio Esercito alla vigilia dell'8 settembre 1943", Ermanno Albertelli Editore Parma, 2003.
- Carloni Fabrizio, "L'occupazione italiana della Corsica – novembre 1942 – ottobre 1943", Mursia, Milano, 2016.
- Ceva Lucio, Curami Andrea, "La meccanizzazione dell'Esercito fino al 1943", S.M.E – Ufficio Storico, Roma, 1989.
- Commissione Italiana di Storia Militare, "La partecipazione delle Forze Armate alla Guerra di Liberazione e di Resistenza – 8 settembre 1943 8 maggio 1945", Ente Editoriale per l'Anna dei Carabinieri, Roma, 2003.
- Corbatti Sergio, Nava Marco, "Come il diamante", Laran Editions, Bruxelles, 2008.
- Crippa Paolo, Manes Luigi, "Italia 43-45 - I mezzi delle Unità cobelligeranti", Mattioli 1885, Fidenza (PR), 2018.
- De Lorenzis Ugo, "Dal primo all'ultimo giorno. Ricordi di guerra 1939 - 1945", Longanesi, Milano, 1971.
- Guglielmi Daniele, Tallillo Andrea, Tallillo Antonio, "Carro L3. Carri veloci, carri leggeri, derivati", GMT, Trento, 2004.
- Guglielmi Daniele, Tallillo Andrea, Tallillo Antonio, "Carro L6 – Carri leggeri, semoventi, derivati", seconda edizione, GMT, Trento, 2019.
- Guglielmi Daniele, Tallillo Andrea, Tallillo Antonio, "Carro M. Carri medi M11/39, M13/40, M14/41, M15/42, semoventi e altri derivati", GMT, Trento, 2010.
- Guglielmi Daniele, Tallillo Andrea, Tallillo Antonio, "Carro M. Carri medi M11/39, M13/40, M14/41, M15/42, semoventi e altri derivati", volume 2, GMT, Trento, 2012.
- Masacci Luca, "I veicoli corazzati italiani 1940 – 1943: album fotografico", Mattioli 1885, Fidenza (PR), 2013.
- Mattesini Francesco, "La guerra con la Francia – Le operazioni aeronavali italiane e francesi nel mediterraneo occidentale e l'offensiva della 4 Armata italiana nelle Alpi – 11 – 25 giugno

- 1940", Soldiershop, Zanica (BG), 2023.
- Panicacci Jean-Louis, "L'occupazione italiana del Nizzardo. Operazione strategica e irredentista (giugno 1940-settembre 1943)", Fusta, Saluzzo (CN), 2017.
- Papò Paolo Emilio, "I mezzi corazzati italiani. I primi quarant'anni", IBN Editore, Roma, 2011.
- Papò Paolo Emilio, "Armistizio!", IBN Editore, Roma, 2020.
- Parri Maurizio, "Tracce di Cingolo", A.N.C.I., Verona, 2016.
- Parri Maurizio e Bianchi Carlo, "A Nessuno Secondi, le ricompense al valor militare ai Carristi dal 1927 a oggi", A.N.C.I., Roma, 2020.
- Pignato Nicola, "1912 – 1985 Dalla Libia al Libano", Editrice Scorpione, Taranto, 1989.
- Pignato Nicola, "Motori!!! Le truppe corazzate italiane 1919 – 1994", GMT, Trento, 1995.
- Pignato Nicola, "Italian Armored Vehicles of World War Two", Squadron Signal Publications, USA, 2004.
- Pignato Nicola, "Italian Medium Tank in Action", Squadron Signal Piblications, USA, 2001.
- Pignato Nicola, Cappella Filippo, "Insegne, uniformi, distintivi e tradizioni delle truppe corazzate italiane", T&T Editore, Dogana (San Marino), 2005.
- Pignato Nicola, "Un secolo di autoblindate in Italia", Mattioli 1885, Fidenza (PR), 2008.
- Riccio Ralph A., "Italian tanks and combat vehicles of World War II", Mattioli 1885, Fidenza (PR), 2010.
- Romeo Pierluigi di Colloredo Mels, "Giugno 1940 – La battaglia delle Alpi", Soldiershop, Zanica (BG), 2020.
- Schipsi Domenico, "L'occupazione italiana dei territori metropolitani francesi 1940 – 1943", Ufficio Storico dello Stato Maggiore dell'Esercito, Roma, 2007.

Articoli
- Corino Giorgio, "Diario di un sergente della Fanteria Carrista", in "Il Carrista d'Italia", numero 318, gennaio/febbraio/marzo 2024.
- Galantini Cesare, "La battaglia della Corsica", in "Resistenza e antifascismo oggi", anno XXIII, numero 2, aprile 2012.

Riviste
- "Il Carrista d'Italia", organo dell'Associazione Nazionale Carristi d'Italia, numeri vari.
- "Rivista Militare", numeri vari.
- "Storia Militare", numeri vari.
- "Bastie – La Ville magazine", numero 41, "70eme anniversaire de la Libération de la Corse – Septembre – Octobre 1943: la Ville se souvient", novembre 2013, Bastia (Francia).

Altre pubblicazioni
- AA.VV., "L'Esercito Italiano nella guerra di Liberazione", supplemento a "Rivista Militare n°1, Stato Maggiore dell'Esercito - Ufficio Generale Promozione, Pubblicistica e Storia, Roma 2020.
- Cervi Oliviero, "Il II/33°, mio battaglione", gennaio 1984, memoria dattiloscritta, copia fotostatica in possesso dell'autore.

TITOLI GIÀ PUBBLICATI - TITLES ALREADY PUBLISHING

www.ingramcontent.com/pod-product-compliance
Lightning Source LLC
LaVergne TN
LVHW081452060526
838201LV00050BA/1773